まちがいだらけの
大規模修繕

株式会社外装専科代表取締役
伊藤洋之輔

ダイヤモンド社

まえがき

この本を手にとってくださっている読者のなかには、マンションの大規模修繕が始まろうとしている人もいるでしょう。見積りをとったものの、あまりに高額な工事費用を提示されて戸惑っているという管理組合もあるのではないでしょうか？

そうでなくとも、一年後、二年後に大規模修繕が予定されているという管理組合もあると思います。あるいはすでに後悔の念にさいなまれて、本書を読んでくださっているかもしれません。

管理組合にとって、マンションの大規模修繕はブラックボックスの部分が多すぎます。

テレビ番組のキャッチコピー風にいえば、

「何か変だよ、大規模修繕」

なのです。

本書はそうした管理組合の方々、あるいはマンションの区分所有者（住民）の方々に、大規模修繕とはどのようなものか、また、大規模修繕の正しいあり方、を考えていただく一助になればと思い、執筆したものです。もちろん、それ以外でも、業界の異変に気づいた方、世の中の不正に疑問を感じている方々にも読んでいただきたいと思います。この道一筋に真面目に歩んできた私が大規模修繕のブラックボックスのからくりと、本来あるべき姿に迫ってみました。

本書が皆さんのお役に立ち、貴重な修繕積立金が有効に使われることを願っています。そして、マンションの資産価値向上に役立つことができれば、私にとってこれ以上の喜びはありません。

二〇一〇年一〇月

株式会社 外装専科 代表取締役　伊藤洋之輔

まちがいだらけの
大規模修繕

目次

第一章

大規模修繕は本当に大規模なものなのか

一、「大規模修繕」ってそもそも何？

●大規模修繕が一〇年ごとに必要、のうそ

私の会社の名前は「外装専科」といいます。直接的で一風変わった名前なので、「ユニークな会社名ですね」とよく言われます。社名に「外装」という二文字がついていることでわかるように、当社はマンションの大規模修繕工事、ビル・店舗・倉庫等の外壁改修塗装、防水改修工事をする専門会社です。

私たちの仕事はマンションなどの集合住宅に住んでいる方と深いご縁がある身近なものです。たとえば、マンションの管理組合から当社には、よくこんな電話がかかってきます。

「大規模修繕の見積りをある業者に頼んだのですが、あまりにも高くてびっくりしました。とても修繕積立金だけでは足りません。本当にこんなにお金がかかるのですか？御社のホームページを見て、見積りを出してもらいたいと思って電話をしました」

皆さんが住んでいるマンションでも、もしかしたら管理組合の方がこのような電話をかけているかもしれません。

私は以前から「大規模修繕」という名称はそもそもおおげさだと思ってきました。ある日、マンションの管理会社の方が次のように発言しているのを耳にしたことがあります。

「マンションの大規模修繕は、だいたい一〇年ごとに行う必要があります。これは長期修繕計画でも決められていることです。一〇年間隔でやることで老朽化を防ぎ、資産価値の低下を防止することにもつながります」

この言葉を真に受ける人は多いでしょう。

マンションの大規模修繕では、何年ごとに工事を行うかが大きなポイントになっていて、一般的な計画では、工事間隔は八～一二年置きになっていることが多いようです。

この工事の間隔にもカラクリが潜んでいますが、その問題は後に譲るとして、その前にもっと重要な点を指摘したいと思います。

「大規模修繕工事」という言葉から、皆さんはどんな工事を想像されるでしょうか？おそらく、多くの方が「マンションの寿命を大きく伸ばす工事でしょう」と思われるのではないでしょうか？

しかし、一般にいわれている「マンションの大規模修繕工事」とは、本当の大規模修繕工事とは違います。本当の大規模修繕工事は、耐震補強工事や給水管補修工事を指すべきなのです。

一般的な大規模修繕工事では、下地補修、シーリング工事、外壁の塗装、外壁タイルの補修や洗浄、屋上およびバルコニーの防水工事、廊下・階段床の改修工事や化粧防水工事などを行うことであると認識してください。

このように、大多数のマンションで行われている大規模修繕工事は、人間の身体にたとえると、小さな火傷やハチに刺され腫れたところに薬を塗る程度のもので、その後建物のお化粧のために塗装しているようなものです。それをやらなかったからといって倒壊の危機に瀕するものではありません。

しかし、施工業者のなかで、このような発言をする人間は、私ぐらいのものでしょう。

現実に行われている大規模修繕は、「修繕積立金」という、業者にとってこの上ない埋蔵金を目当てに、不要不急な工事や過剰と思われる工事内容の見積りを提出し、より高額な大規模修繕工事を受注することが目的です。

管理組合の立場でマンションのために本当に必要な工事や、資産価値を高める工事を適正な価格で提案し、修繕積立金を使い切らないように配慮している会社ならいいのですが、なかには大規模修繕は管理組合のためではなく、工事を受注する業者のためにあるような現状が少なくないのです。

●他社と弊社の大規模修繕、その差六二〇〇万円

私が過去、実際に経験したあるマンションの大規模修繕のケースをご紹介しましょう。

当初、そのマンションが管理を頼んでいる管理会社が出した見積りは一億三五〇〇万円でした。この金額に驚いたマンションの管理組合の役員さんは、私の会社にも見積り

を依頼してきました。

「大規模修繕に一億三五〇〇万円もかかるとなると、修繕積立金だけでは、とてもまかないきれません。銀行から借入れをするか、各戸から追加負担金を徴収しなければなりません。一体どうしたらよいのでしょうか……」

役員さんの表情には、はっきりと困惑の色が浮かんでいました。

依頼をいただいた私がこの建物を診断して出した見積りは、ズバリ七三〇〇万円でした。その内訳は次の6項目です。

㈠ **外壁コンクリートの各種点検補修**
㈡ **外壁各所シーリング**
㈢ **外壁塗装**
㈣ **鉄部塗装**
㈤ **各戸バルコニー床防水工事**
㈥ **廊下床化粧防水シート貼り**

屋上防水も調査しましたが、傷みも少なく緊急性がないことから、今回は見送る提案をしました。そのかわり、外部鉄階段４基の塗装をよりよいものにするため、階段の踊り場の床をゴム系の塗装にすることを提案しました。これだと弾力性があって防音・防滑・防錆効果が高くなるからです。

管理会社と私の見積りには、実に六二〇〇万円という大きな差がありました。いったいなぜ、これだけの差が生まれるのでしょうか？

私がはじき出した見積り金額を見せられた管理会社のほうはずいぶんビックリしたようです。それはそうでしょう、六二〇〇万円もの差があったのですから……。

管理組合は先の一億三五〇〇万円を見積もった管理会社に改めて価格交渉をしました。そしてもっと驚くことになりました。

というのも、新しく提示された見積金額はいくらだったと思いますか？　驚いてはいけません、なんと七五〇〇万円だったのです。

管理組合の役員さんから私に「管理会社が『自社の面子にかけて』とこの値段を提示してきたそうです」という連絡が入りました。私が提示した金額より二〇〇万円高いだけの、ほぼ同額でした。

しかし、さすがに管理組合の役員さんたちも、「これはおかしい」と気づきます。「一気に下がった六〇〇〇万円とはいったい何だったんだ？」と疑問を抱いたわけです。至極当然です。

そこで、管理会社経由の見積りと弊社の見積りの比較検討をすることになりました。幸い役員のなかに建築関係の仕事をしている方がいて、その方が中心になって工事仕様と価格の比較表を作成し、それを元に管理会社との話し合いが持たれたそうですが、その席上で、管理会社からさらに値下げの提案あったそうです。今度の額は七三〇〇万円。つまり私の出した見積りとまったく同額です。疑問を解決するよりも、金額で説得してしまおうというわけです。

それからしばらくして、管理組合から私のほうに話し合いたいと連絡が入りました。管理組合から当社にも価格交渉があり、結局、まだがまんできる部分の工事内容を若干縮小して、四〇〇万円引き六九〇〇万円まで下げしました。

管理会社経由で当初に提示された金額と当社の金額を比較すると、六六〇〇万円もの差になったわけです。

管理組合の役員さんは「この金額なら、修繕積立金で何とかまかなえます。銀行から借りたり、一時金の徴収をしたりせずに済むので本当に助かります」といって、ほんとうにほっとした様子でした。

最終的に、このマンションの大規模修繕は以前私が経営していた会社が手がけました。

読者の皆さんは、この話を読んで、どのように感じられたでしょうか？

「うちのマンションと同じだ。管理会社から提示された見積りを見直さなければならない」

「うちは、管理会社が提案してきた見積りをそのまま受け入れてしまった。高いと思ったが、事情がよくわからないので、いいなりになってしまった。本当はもっと安くできたのではないかと思うと、残念だ」

おおむね、このような感想ではないかと思います。あまりに高額なことに憤慨している人もいるでしょう。

もちろん、すべての管理会社や施工業者から提示される見積りがこのように高額であると決まっているわけではありません。管理会社が悪いとも一概にはいえません。なかには良心的な見積りを提示する管理会社や管理会社と提携している施工業者も存在します。

しかし、公正な競争が行われないままでいると、見積り金額にかくも大きな格差が発生するケースがあるのです。これはまぎれもない事実です。私はそのような例を山ほど見てきましたし、同業者としてこのような実態を悲しく思ってきました。

そうした事実が存在するということを、まず読者の皆さんに知っていただきたいと思います。

私がプロの立場で他社が提出する見積書をみると、必要以上に過剰な工事、不要不急の工事が追加されていることが目につきます。

たとえ悪意がなかったとしても、今やらなくてもよい工事を付加する必要はなく、工事を増やすことで修繕費をどんどん膨らませ、大事な修繕積立金を使い切ろうとすることは断じて許せないことです。

これが、大規模修繕に長年携わってきた私の率直な気持ちです。

●高額な大規模修繕費は、誰の懐に入る？

私は四〇年以上この業界におりますが、昔も今もマンションの大規模修繕工事には、業界で統一した改修方法が確立されていません。

自動車などの補修は構造や形、大きさが似通っているため、通常、どの業者でもほぼ同じ部品を使用します。作業時間、修理の方法や費用にも大きな違いはないと聞きます。しかし、マンションの大規模修繕工事は事情が異なります。

まず、建物の高さ、大きさ、形、建てられた時期、傷み具合などの条件の違いがあります。加えて、使用する部材や工法も、塗料会社、設計事務所、施工会社によりさまざまです。調査する人の経験の度合いによっても、大きく違ってきます。

また、多くの共通仕様書には、必要性が少なく、過剰と思われる工事内容が多く見受けられます。

そうしたことが工事費をいたずらに跳ね上げ、管理組合に負担を強いている現実は昔も今も変わりません。

また、大規模修繕の費用を高額にしている事情がもうひとつあります。それはどのような会社が元請けとして工事を受注するかという問題です。工事を受けたものの、実際の工事を下請け業者に委託するのが元請け会社です。工事を受けた下請け業者がさらに孫請け、ひ孫請け業者に発注する場合もあります。高額な大規模修繕費もこのように中間マージンが多くかかる体制で工事を施工すると、工事費の多くが各社の中間経費として消えてゆくのです。その結果、実際に現場で作業する職人は厳しい単価で工事を強いられることになりかねません。

マンションの建設は大規模ですから、元請け会社が分野別にいくつもの下請け業者を統括して新築するのは自然な形ですが、この体制が、大規模修繕にも採用される場合がよくあるのです。

外装専科では、可能な限り専属の職人が施工するよう心がけています。しかし現実はすべて熟練の職人だけで手がけることは不可能なため、下請け業者にも依頼します。それでも、なるべく会社組織ではない小さな職人グループに依頼し、末端の職人さんが苦しまないようにしています。それというのも、実際に作業する職人が報酬に対する不平不満をもっていると、心のこもった工事をするのは難しいと思っているからです。

●名目そのものがおかしい「大規模修繕」

「大規模修繕に含まれているさまざまなむだを省き、自分の所有するマンションを工事する気持ちで見積りを提案しよう」

私はこう考えてずっと仕事に取り組んできました。同時に、節約した工事費を建物のグレードアップに向ける等して、修繕工事だけにとどまらず、建物の付加価値アップを実践したいと考えています。

ここで「大規模修繕は何年ごとに必要か?」という最初の問題に戻ります。

管理会社ではよく「長期修繕計画で決められている大規模修繕の時期が来ました。工事をしないとマンションはスラム化します」といいます。

「スラム化する」というのは大規模修繕に踏み切らせるための常套句で、建築には素人の輪番で選ばれた管理組合の理事長さんや役員さんに対しては、一種の脅しに近いと私は思います。

マンションの購入は、一生に一度あるかどうかの大きな買い物です。快適に住み続けたいと願うのは当たり前です。最初から売却するつもりはないにせよ、事情によって途中で売却するケースもあるでしょう。売るときはなるべく高く売りたいと思うのもまた当然でしょう。

一〇年前後で一度は大規模修繕をしないと、マンションの資産価値は大きく損なわれるのでしょうか？　一〇年ごとに大規模修繕をしないと、マンションはスラム化してしまうのでしょうか？

私はそうは思いません。快適で資産価値の高いマンションを維持するためには、定期的に修繕をして、ほころびを小さいうちに繕い、傷みがひどくなるのを予防し、外観の美的価値を保つことが、非常に効果的です。大規模修繕工事は、マンションの維持に絶対に必要ですが、だからといって一〇年ごとに行わなければならないものではないのです。モデルとして示されている長期修繕計画にしたがわなければ、維持できないわけではないのです。積立金が少ないのに無理をして過度な大規模修繕を行わなくても、建物の安全性は保てますし、美観も保てます。修繕規模は、それぞれの傷み具合や美観性を考慮して、ケースバイケースで決めるものです。「業界の常識」とは、あくまで「工事を受注しようとしている業界にとっての都合のよい常識」に過ぎないことを肝に銘じてください。

とはいえ、管理組合の方の立場になってみれば、他のマンションの大規模修繕例と異なる路線を選択する基準はわかりにくいでしょう。でも、あなたの周りの学校や公共施設、市役所や区役所をじっくりと見てみてください。一〇年、一五年経過したからといって、これまで大規模修繕をしたでしょうか?

私の知る限り、一〇年ごとに大規模修繕をする学校も、公共施設もほとんどありません。理由は簡単です。マンションと異なり、修繕積立金がないためです。しかし、マンションは学校とは異なり美観も大切です。修繕積立金を大事にしつつ、適切なときに工事を行うことが必要です。

二、「業界の常識」を鵜呑みにしない

●管理会社の一般的な考え方

なぜ管理会社はマンションの大規模修繕を熱心に勧めるのでしょうか？

答えは、「そこに修繕積立金があるから」。これが第一の理由です。〝いずれ使われる予定の高額な修繕積立金〟があるから、管理会社や改修の工事設計事務所は大規模修繕を熱心に計画・提案するのです。

「そんな馬鹿な話はない。それでは本末転倒ではないか。大規模修繕が必要だから、修繕計画を提案するのではないか」

こう思うのが当然ですし、まっとうな考えです。当事者にしてみればそう思いたい気持ちは山々でしょうが、現実はこの真逆になっているのです。

管理組合の役員さんは、たまたま建築関係者の方がいるということでもない限り、建築業界のことも、ましてや修繕についても素人です。

管理会社から「修繕が必要です」といわれれば、「そんなものなのかな」と思ってしまうでしょう。ですが、「業界の常識」が正しいとは限りません。「大規模修繕は一〇年ごとが業界の常識」というのは、まったく根拠のない常識です。

大規模修繕計画は、あくまで計画なのですから、無理に行う必要はありません。長期修繕計画があるから、一〇年で大規模修繕を施工するというのは、まったく筋の通らない話なのです。

もちろん、大切な資産であるマンションが現在どういう状況にあるのかを正確に把握しておく必要はあります。問題があれば、必要に応じて早期に手を打たなくてはなりません。そうした適切な対処がマンションの資産価値を維持することにもなります。

そのためには、まず計画ありきではなく、あくまで現状を見極めることです。大がかりな大規模修繕工事を行うのではなく、小規模、中規模の工事を早目に行うことが、資産価値の低下を防止するとともに、いつも美しく快適なマンションで暮らすことができる秘訣です。

●「共通仕様書」のデメリットを知ろう

マンションでは、大規模修繕を行う前には、必ず管理組合が合見積りをとると思います。そのとき私を悩ませるのが共通仕様書です。

共通仕様書は、管理会社の上部団体で統一された書式によってつくられているものを使用する、管理会社独自のものを使用する、設計事務所独自のものを利用するの三パターンがあります。

「まず共通仕様書の指示通りに見積書を提出してください。見積り条件が同じでなければ、比較ができませんから」

ほとんどの場合、このように依頼をいただきます。施工業者の見積りをとる場合、確かに各社がそれぞれ異なる項目で工事内訳を表示すると、パッと見ではどの業者がいいのかわかりません。そのため共通仕様書なるものがあるのですが、これに頼り過ぎている傾向が多々見受けられます。

発注主である管理組合にとって、共通仕様書はメリットもありますが、デメリットもあるのです。そして、管理組合への大きなデメリットは、管理会社や設計事務所のメリットと表裏一体と考えてもいいと思います。

まず、管理組合にとっての共通仕様書のメリットから先にお話しましょう。

共通仕様書には、工事方法や工事範囲、数量や面積などの項目があらかじめ記入されています。見積りに参加する業者は、それぞれの単価を記入して送付するだけで見積りができあがります。

この方法を使うと、工事内容と工事範囲、施工数量が各社同一で、それぞれの項目の金額と合計金額の違いが一目瞭然となります。

「共通仕様書を使った見積りは、入札業者の選定がスムーズにできる便利なものだ」

こう感じられるかもしれません。確かに、金額だけを比較の基準にするのであれば、業者選定が簡単という大きなメリットがあります。

しかし同時に、どの会社が見積りをしても、工事費が大幅に割高になる仕組みがあるのです。

見積りに参加した業者は、渡された共通仕様書のなかにむだな工事、不要不急の工事があるかどうかを検討しないし、もし含まれていることに気づいたとしても、それを削除したり訂正の提案をしようとはしないでしょう。

たとえば共通仕様書で組立足場と指定されると、見積りに参加する業者はすべて組立足場で見積もることしかできません。私が、この建物はゴンドラ足場での施工がよいと考えても提案できないのです。同じように屋上防水は次回の大規模修繕に回しても大丈夫だろうと判断したとしても、仕様書通りに見積らなければならないのです。

管理組合にしてみれば、どれが過剰な工事で、どれが必要な工事かという判断はつかないでしょうから、専門家だと思っている管理会社や設計事務所から提案されれば、「きっと必要な工事なのだろう」と思って、共通仕様書の項目に入れるのも無理はありません。

今すぐ必要ではない工事でも見積書に加え、工事の範囲を広げれば広げるほど見積額が大きくなり、修繕積立金をより多く手にすることができるのです。改修工事にも設計事務所などが関与している場合、設計事務所に支払う費用も増えることになります。

●仕組まれた入札条件

あるとき私は、マンションの大規模修繕工事について触れた本を探して読んでみました。すると、こんなことが書かれています。

「適正な価格で大規模修繕工事を発注する場合、競争原理を働かせなければならない」

これは正しい意見です。しかし、管理会社や改修工事の設計事務所に任せっぱなしにして、最初から競争原理をシャットアウトした状態で施工業者が決定されてはいないでしょうか。

あるマンションの大規模修繕工事入札参加者募集の新聞広告に、次のような条件がついているのを発見しました。

㈠　会社設立後一〇年以上経っていること

㈡　過去三年間に分譲マンション大規模修繕工事の元請実績が二〇件以上（請負金額五〇〇〇万円未満は除く）であること

㈢　資本金が原則五〇〇〇万円以上であること

もうひとつ、ご紹介します。

このケースは、あるマンションの大規模修繕の業者を選定するものでした。ある管理会社から、書類提出を求める次のようなＦＡＸが当社にも送られてきました。

㈠　会社案内

㈡　過去三年間の元請工事実績書（ただし三〇〇〇万円以上の工事二〇件以上、下請工事は不可）があること

㈢　前年度の財務諸表

これらの条件のなかで問題になるのは、「大規模修繕工事の元請工事実績」です。一見すると、こうした入札条件は広く募集をかけ、公平にしているように見えます。しかし、本当の姿は、「競争力のある業者の排除を目的とした、仕組まれた入札条件」なのです。

実績書の提出は当然のこととして、問題は数字の部分です。ひとつは「過去三年間で元請実績が二〇件以上、金額五〇〇〇万円未満の工事は除く」となっています。もうひとつでは、「過去三年間の三〇〇〇万円以上の元請工事」になっています。

こうした数字は大手の改修業者なら出せるでしょうが、中小の業者ではほぼ不可能です。たとえできたとしても、工事件数は規定には達しないでしょう。

「工事件数は多い方が安心。大きな工事の元請けであればなお安心だろう」と思うのは、管理組合の方にしてみればもっともなことで、それは他のマンションと同じようにつつがなく大規模修繕という事業計画を遂行できるからです。しかしこれでは、いくら実力があり、良心的な業者でも、中小の工事業者は見積りの前段階ではじかれてしまいます。これは、公正な競争を望まない一部の管理会社や改修設計事務所の思うつぼなのです。

見積りに参加する業者に厳しい条件をつけていながら、管理会社や改修に携わる設計事務所自身は自社で手がけた建物や工事監理したマンション名を記載した工事経歴書などはほとんど提出しません。本来は工事施工実績や工事監理の実績を誇ってしかるべきなのではないかと思うのですが、そんなものにお目にかかることはまずありません。提出しても当社のようにしっかりとナンバーリングした工事経歴書は見たことがありません。私はいつもこのことを疑問に思っています。

●大規模修繕にＩＳＯは必要か

マンションの大規模修繕工事の見積りに参加させる業者を選定する際、設計事務所等も知恵を絞って、いろいろなハードルを設けるようです。新聞公募で、次のような参加条件が示されたことがあります。掲載主はある管理会社でした。

㈠　**改修工事を主としている専門業者であること**

㈡　**資本金五〇〇〇万円以上であること**

㈢　**創業一五年以上であること**

ここまで読んで、「また排除しようとしているな」と私は直感しました。ここには元請工事実績の提出はありませんでしたが、「資本金五〇〇〇万円以上」というのはかなり高いハードルです。

これではほとんどの中小工事業者は参加条件を満たすことができません。しかし、次の項目を見て、私は目を疑いました。

㈣　**ＩＳＯ９０００、またはＩＳＯ１４０００シリーズの認証を保有していること**

ご存じかもしれませんが、「ＩＳＯ」とは「国際標準化機構」の品質保証規格を指しています。

「ＩＳＯ規格を条件に入れているのか。決まった業者は、マンションの大規模工事でいい仕事をしてくれるだろう」

もし、この条件を見て管理組合の方がそう思ったとしたら、とんでもない間違いを犯すことになります。

「ＩＳＯ９０００シリーズ」は、品質保証に関する国際規格です。ただし、製品そのものに対する品質保証ではなく、工場や事業所内の品質管理システムに関するものです。「ＩＳＯ１４０００シリーズ」は、環境に関する国際規格です。それも、企業活動（原料の調達、生産、販売、リサイクルなど）の環境に関しての保証です。

この二つのＩＳＯ規格の取得は、マンション大規模修繕の仕上がりや現場とは、まったく関係がありません。この条件を付すことが、きちんとした工事ができる企業の条件になるのでしょうか？

大手管理会社や大手改修業者であればＩＳＯ規格を取得しているかもしれませんが、

中小の施工業者ではＩＳＯ規格はほとんど取っていないでしょう。こんな条件を出されては、中小の施工業者はスタートラインにも立つことができず、泣く泣く身を引くことになります。

こうした不公正な競争入札のシステムがあることを知らないと、管理組合は大切な修繕積立金をむだに失うことになります。

●業界にとって大規模修繕は「宝の山」

管理組合から委託された管理会社や設計事務所が出す、見積り参加募集の新聞広告は、一見すると広く募集しているような印象を与え、公平そうに見えますが、このように内実は条件が厳しく、実質的競争力のある会社を除外する（ふるいにかける）手段となっています。

管理会社や設計事務所は、自ら大規模修繕工事を行うわけではありません。自らは元請け会社になり、設計事務所は工事を監理し、実質的には元請けに近い立場です。多くの場合、見積り額の一五～三〇％前後は元請け業者などに入ります。残りの七〇％の費用で実際に工事を行うのが、提携している下請けの塗装業者になるのですが、下請会社はさらに孫請けに発注し、工事を進めるというのが実態です。

管理会社が元請けにならない場合でも、施工業者からの紹介手数料は入ります。管理会社はいずれかの形で大規模修繕にかかわることができれば、大きな収入となります。それが大規模修繕が宝の山といわれるゆえんなのです。もちろん、私は「管理会社は紹介料をとるべきではない」といっているのではありません。管理会社も営利会社です。大規模修繕について業者を探したり、書類を作成するときに発生する手数料も必要です。公正な競争によって、よりよい施工業者を見出し、修繕積立金をむだ使いしないように修繕工事を進めるのであれば、管理組合も歓迎ですし、施工業者にとっても有難いことです。

管理組合の立場に立って工事監理もするなら、管理会社の業務範囲にふさわしいことではないでしょうか。良心的な管理会社が、今以上に増えていってほしいと願わずにはいられません

●不公平な競争見積りのカラクリ

しかし、こんなケースがあることも覚えておいてください。あくまでも一部の会社がやる手口なのですが、管理会社が工事を計画する場合、自社の内部調査で外壁タイルの貼り替える面積が少ないことがわかったとします。しかし、共通仕様書には推測値として多めの数値を出し、自社で見積りを出さなかったとしても、提携している施工業者に工事面積が少ないことをそっと教え、共通仕様書に単価を抑えた安い数値を記入できるようにするのです。

安いといっても、そこに業者の利益や管理会社への紹介料もしっかり乗った金額になっています。もちろん管理会社が直接元請けとして工事を受注する場合も同様です。

一方、そんな情報をもらえない施工業者は、いつもどおり共通仕様書の推測値に準じて見積りを出します。当然の結果として、管理会社が推す業者の見積りの方がぐんと安くなります。

「管理会社の勧める業者もそんなに高くない。これなら管理会社が紹介する会社に決めよう」

数字のカラクリを知らない管理組合ならこう考えるでしょう。あるいは、そう思うように管理会社が提案するかもしれません。

どちらにしても、積立金のむだ使い以外の何ものでもないのです。

三、こんな管理組合が狙われる

●ランクづけされている管理組合

大切な積立金を大事に使い、少しでも多くの積立金を組合員の口座に残そうという良心的な管理会社がある一方で、「どうすれば自社が工事を受注して大きな利益を得ることができるのだろうか?」と考える管理会社があるのも事実です。

後者の管理会社は、管理組合との関係を分析し、管理組合の様子を見て対応してきます。そういう会社にしてみれば、「いつも管理してもらっているので、大規模修繕も、管理会社に任せておけば大丈夫だろう」と考えてくれる管理組合はとても有難い存在です。

これはあくまで私の個人的な見解ですが、どうも日本人というのは、すでに貯まっている（プールしている）お金の支出や使途については、あまり細かいことはいわない傾向があるように思えます。よくいえば鷹揚《おうよう》、悪くいえば無頓着なように見えます。しかし、大規模修繕問題が浮上し、さらに修繕積立金が不足というような事態になると、管理組合は大変な思いをしなくてはならなくなります。

『週刊ダイヤモンド（二〇〇八年二月一六日号）』に「マンションが危ない！」という特集が組まれたことがありました。

そのなかに、「管理会社は管理組合を三段階にランクづけしている」という記事が掲載されており、ランクの表現がＡＢＣだったかどうか忘れましたが、確か次のようなランキングになっていました。

㈠ **Ａクラスの管理組合**……理事が代わっても仕組みが整備されている（管理会社の対応は超ベテラン）

㈡ **Ｂクラスの管理組合**……うるさい人はいるものの少数（管理会社の対応はベテラン）

㈢ **Ｃクラスの管理組合**……文句や注文もなくおとなしい（管理会社の対応は一般社員）

実際、管理会社が管理組合を何らかの形でランクづけし、評価していることは事実だと思います。

このCクラスに、私は「すべての役員が一年ごとに入れ変わる管理組合」もつけ加えたいと思います。

役員がくるくる代わると事情が分からなくなり、ふだんから「管理会社頼み」になる公算が大になります。つまり、「管理会社からいわれるままの管理組合」になってしまうのです。

Aクラスの管理組合のほうが歓迎という管理会社は良心的ではないでしょうか。Cクラスの管理組合のほうが思い通りになるのでやりやすいと考えるような管理会社は、委託することそのものがよいのかどうかも考えさせられます。

管理組合の自衛策として、私は、役員のうち一人か二人の任期を少しずらして一〜二カ月留任とし、役員会の討議内容を次の役員会に反映させることができれば、内容もよく理解できるし、知識も増え、管理会社と対等につき合うことができるようになると思います。

なんだか管理会社の悪口のようになりましたが、私はただ、ごく一部とはいえ利益至上主義の管理会社があることを知っていただくことで、大事な修繕積立金をじょうずに使っていただきたいだけなのです。

●無理な概算費用をつきつけられていませんか？

最初に莫大な概算見積りを出してくる管理会社も問題です。管理会社の多くは、管理組合の運営管理すべてを任されていますから、修繕積立金がいくらあるかなど、百も承知のはず。それなのに、「この金額では、かなり資金が不足するから」と管理組合に借り入れを決断させ、そのうえで思い通りの大規模修繕を計画するのです。

先に例に出した一億三五〇〇万円の見積りも、管理会社が小手調べに出した金額です。そのまま管理組合が受け入れてくれれば、管理会社にとってはまさに万々歳だったことでしょう。担当者のボーナス袋は、分厚いものになっていたかもしれません。

この事例は十数年以上も前のことで、今日ではこれほど酷い例はなくなっているとは思いますが、その体質がまったくなくなったわけではないと私は感じています。

●どんどん値引きされる見積りの不思議

小手調べの概算金額があまりに高額の場合、当然、管理組合は二の足を踏むことでしょう。ここでもし、管理組合の方が「この金額ではとてもできないですね。大規模修繕実施について、延期という選択も含めてもう一度検討し直します」といった場合はどうなるでしょう。

再見積りをとることになります。しかし同じ施工業者、あるいはやはり元請け会社の息のかかった業者だったとしたら、それは当初からの計画的な見積りに過ぎません。新しい見積りが提出されたといっても、もともと高すぎる金額です。値下げしても元請け会社の懐はさして痛みません。

新しい見積りでも、まだ高額である可能性が高いのですが、非常に高額だった前回に比べると、〝値下げぶり〟がアピールされて好感を持たれたりします。減った工事費の分が、管理会社の誠意の証というわけで、見積りが採用されることが考えられます。

管理組合の役員さんのなかに、建築業界に詳しい人がいたり、見積りの参加業者を自分たちで選ぼうと考える方がいると、管理組合が直接施工業者に見積りをとるという展開になるわけです。やはり、管理会社にすべてお任せで、物事を疑うことをしない管理組合ではいけません。

第二章

ここが違う「外装専科」の大規模修繕

一、「足場」——どんな足場にするかでコストも大違い

●「組立足場」と「吊り足場」

読者の皆さんのなかには修繕費について関心はあっても、建築についての知識はほとんどないという方が多いと思います。しかし、理不尽な修繕費をとられないようにするためには、一定の知識を持つことと、業界の事情をある程度知っているとよいのです。

本章では当社の大規模修繕について、どこが他社と違うのかを具体的に示し、大規模修繕をする場合には、どのような点に注目して判断したらよいのかをご紹介していきたいと思います。

まず、工事に不可欠の足場から説明していきましょう。

ビルの外装工事において足場とは、外壁の補修工事・シーリング工事・塗装工事をする作業員が工事を行うためのものです。

工事現場で、縦横に組まれた鉄棒の高いところで作業員がひょいひょいと歩いている姿を見ることがあると思います。高所恐怖症の人だったら、足がすくんでしまうような作業場所です。

足場は工事を進めるうえで、大変重要な存在です。足場がしっかりしていないと、危なっかしくて工事を進めることができません。たかが足場、されど足場なのです。

足場には「組立足場」と「吊り足場」の二種類があります。

足場というとみなさんがイメージされるのは組立足場でしょう。これを使っている工事現場はとても多いと思います。「組立足場」には枠組足場（ビテイ足場）、単管パイプ足場、ビケ（くさび型）足場の三種類があります。

枠組足場は、鉄骨を組み上げてつくり、足を乗せる部分が六〇センチくらいの幅のある足場板になっているもので、作業員は安全に工事ができます。

単管パイプ足場は、鉄パイプを縦横に咬み合わせてボルトで締めたもので、低層の建物や出っ張りがある建物、外壁の周囲にゆとりがない場所で使われます。

ビケ足場は、単管パイプ足場が改良されたもので、踏み板の先端にクサビ状のものがついており、組み立てたパイプにその部分を引っかけて固定できるので、より簡便です。マンションの大規模修繕工事の多くは、組立足場を立てて行われています。

組立足場は、作業員の安全性が高く、作業もしやすいものです。なかでも枠組足場であれば一度に多くの作業員が足場に乗って施工することもできるというメリットもあります。しかし、数百、数千の部品を使用して組み上げていくので、建物が大きくなればなるほど、足場を組み立てる面積が大きくなり、費用も高額になります。組立と解体の作業時に事故が起こる危険もあります。

一方の「吊り足場」は、屋上からロープやワイヤーで箱やブランコのような板を吊り下げて作業をするもので、ビルのガラス拭き作業でよく見かけるものです。吊り足場には、ゴンドラ足場とブランコ足場（ザイル足場）の二種類があります。

ゴンドラ足場は、ビルやマンションの屋上からワイヤーで吊るし、電動で作業用の箱（ゴンドラ）に乗った作業員が上下して工事を行う足場で、建物に新築時から設置してあるタイプ（常設ゴンドラ）と、改修工事に使用するため改修工事のときだけ搬入して設置するタイプ（仮設ゴンドラ）があります。近年は、建物にレールを取りつけ、レールに沿って上下する大規模なゴンドラも使われています。超高層ビルでは足場を組むこと自体が危険をともなうので、すべての改修工事はゴンドラ足場で工事が行われています。

ブランコ足場は、ロープにブランコ状の板を吊り下げ、そのブランコに腰かけて作業するやり方です。ダム建設や国道などの斜壁を工事するときに欠かすことのできない足場で、最初に使われたのはアメリカ。ラスベガスに近い砂漠地帯に建設されたフーバーダムはブランコ足場がなければ完成できなかったといわれています。ビルやマンションの塗装工事にも、ブランコ足場が有利なことも多く、私は昔からブランコ足場を使ってきましたが、最近取り入れるところが増加傾向にあるようです。

吊り足場は、手軽に作業環境を整備できるという大きな利点があります。その日の作業が終了したら、ロープを屋上に引っ張り上げることで外壁には何も残りません。ゴンドラは屋上近くもしくは階下に固定して電源を切れば、第三者が使用することはできないので、侵入者による事故も起こりません。工事中はロープの結束をしっかりと行うとともに、主ロープのほかに命綱的な補助ロープを必ず使用して二重の安全対策が事故防止に有効となります。

吊り足場の種類（ゴンドラ足場・ブランコ足場）

●足場で変わるコスト

この他大規模な工事ではクレーン車で作業をするケースもありますが、周辺のスペースに限りがある修繕工事ではまれです。足場はそれぞれの特徴を踏まえて使い分けることでコストが大きく変わります。

総じて、組立足場より吊り足場のほうがコストはかからず、さらにブランコ足場は、ゴンドラ足場以上に設置が簡単で、費用も安価というメリットがあります。作業内容によっては、ブランコではできない作業もありますが、できるだけブランコを活用すれば、コスト的には一番低く済みます。

組立足場を使うためには、現場まで資材を運搬し、作業場内でも資材を運ばなければなりません。運搬、組み立てに多くの労働力を必要とすること、また事故防止のための設備も大がかりになり、コスト高につながります

どのような足場を使うかは、マンションのタイプと修繕内容によって選ぶべきです。大きなマンションでも、組立足場には不向きな建物もあります。それは、足場を組んで

も作業する領域が非常に少ないマンションです。下の写真のように隣室とのバルコニーが仕切り板だけで簡単に仕切られているマンションですと、足場から塗装するのは、外壁部分、上階および下階との間にある二〇センチ程度の見付壁、このふたつの部分だけです。

あとは足場からバルコニーに入り、そこに脚立を立てて、バルコニーの天井を塗ったり、壁面を塗ったりすることになります。見付壁のような場合などは、組立足場を使って外部から塗装する部分は全塗装部分の一〇パーセント程度しかないことさえあります。このときの組立足場は作

見付壁のマンション

業員の移動手段（エレベーター）なのです。これでは、わざわざ組立足場にするのはもったいないというほかありません。

マンションの大規模修繕では組立足場がまるで常識であるかのように、組立足場を組みます。共通仕様書に「組立足場を使用のこと」と指定されているケースも多く、大規模修繕のコストアップの一因ともなっています。

●優れもののブランコ足場

各種の足場のうち、私はこれまで主に吊り足場を使用してきました。なかでもブランコ足場が中心です。

その理由は何といっても、ブランコ足場の方が割安だからです。

ある工事物件のひとつに、外壁塗装面積が五〇〇〇平方メートルのマンションがありました。当社はブランコ足場でいけると判断し、足場の見積り金額は一五〇万円計上しました。

もし組立足場で見積もったとしたら、安い業者でも六〇〇万円程度は計上してきたでしょう。これにさらに仮設計画を立てて提出する届出義務が生じる場合もあり、その費用がかかります。ブランコ足場を選択することで、四五〇万円以上もの修繕積立金のむだ使いが防げたのです。

防犯上も、ブランコ足場の方が有利です。組立足場では夜間に不審者に侵入されたケースがありますが、ブランコ足場は屋上に上げてしまえばよいからです。

「ブランコ足場は安全性に問題がある。組立足場を使った方がいい」

こんなことをいう業者もいますが、私のブランコ足場の長い経験から事実無根と言い切れます。

ブランコ足場に使うロープはナイロンザイルで、本格的な登山などにも使うものです。通常一～三センチの太さがあり、八〇〇キロから一トンの重量に十分耐えうる強度があるのです。

ブランコ足場での作業で、人の重さに耐えられずロープが切れることはまずありません。それでもロープの磨耗や切断等が起こらないように準備点検には十分に留意し、必ず二本のロープ（一本は命綱）で作業するようにしています。私は四〇年近くブランコ足場で作業をしてきましたが、私の周囲で作業中にきちんと事故防止の手順を踏まずに作業したため、ケガをした人はいますが、亡くなった方は一人もおりません。一方、組立足場に乗って作業する人は安全ですが、足場の組立時と解体時に事故が集中します。組立足場の解体時に部品が落下し、通行人を直撃したという話を実際に聞いたことがあります。

「ブランコ足場は力が入らない、ろくな仕事ができない」

こんなことをいう業者もいますが、これも大きな間違いです。国道沿いの崖には、崩落防止工事が施されています。この工事では、一〇〇％近くブランコ足場が使われています。斜面に施す作業ですので、崖の上からブランコ足場を下ろす作業がもっとも効率的で、むだな経費を使わない作業だからです。

「ブランコ足場はろくな仕事はできない」という言葉が本当だとすると、ダムはできないことになりますし、国道沿いの道路は崩落の危険にさらされることになります。

私は千葉市で四五階建ての建物のガラス拭き作業を吊り足場で行っている現場を写真

に撮りました。四五階といえば高さ一三〇メートルほどです。ガラス拭きではありますが、ブランコ足場で十分作業できるという証明になるでしょう。

●物件に合わせて使い分ける

私は、何が何でもブランコ足場がいいといっているわけではありません。修繕内容によっては組立足場の方が高効率で、工費が削減できる場合も多くあります。

たとえば外壁の傷みが非常に激しく、塗装のはがれも多く目地のシールも何千メートルも傷んでいて取り替えなければならな

国道沿いの崖での法面工事

いような場合などは組立足場を提案しています。

また、ブランコ足場と組立足場を併用する場合もあります。たとえば、バルコニー側一面だけに組立足場を用い、他の面はブランコ足場での作業を行った物件もありました。もちろん逆のケースもあります。

塗装面の状況と施工面積から使い分けを検討しますが、これは、「共通仕様書」で見積り条件が固定されている場合はできないことです。ここに大きな間違いの源があると思います。ただし、こうした組み合わせや使い分けは、吊り足場の経験が豊富な施工業者でなければできないのです。

結論として、傷みの少ない建物であれば、ブランコ足場でもしっかりとした工事が可能で、コスト的にも優れているといい切って差し支えないと私は思っています。一般的に、吊り足場を使用した方がよいのはどんなケースかを、箇条書きでまとめてみます。

■ゴンドラ足場が適している場合

・一五階を超えるような高層ビルやマンションの改修工事

・バルコニーや廊下側に見付壁が多く足場に乗って作業する部分が少ない建物

・侵入者による万が一の犯罪を確実に防止したい場合
・目視で既存の外壁の傷みが比較的少ない場合

■ブランコ足場

・修繕積立金が少なく工事全体の費用を圧縮したい場合
・バルコニーや廊下側に見付壁が多く足場にのって作業する部分が少ない建物
・侵入者による万が一の犯罪を確実に防止したい場合
・目視で既存の外壁の傷みが比較的少ない場合

二、「下地補修」――一括補修のむだ使い

●外壁の洗浄は本当に必要?

次に「塗装」についてお話したいと思います。塗装の前には下地補修という作業があります。多くの場合、下地補修として洗浄やコンクリートの亀裂、鉄筋の露出の修理等の項目が挙げられています。

まず、洗浄からお話しましょう。

「洗浄しないのは手抜き」とか「洗浄しないのは、いい加減な会社」という思い込みが昔からあるようですが、私の目からすれば、これはまったくの誤解で、洗浄そのものの役目を忘れているようなものです。

超高層ビルの外壁塗装を高圧水洗浄しているでしょうか? 道路に白線を引くときにいちいち道路を洗浄しているでしょうか? 道路のようにゴミやホコリがあるところでも、白線を引く前に洗浄しているところなど見たことがありません。

ましてやマンションの外壁のような、日ごろから風雨にさらされている場所は、雨に濡れるたびに自然に洗われています。つまり、これらの場所では「日常的に洗浄が行われている」と考えられるわけです。

本当に洗浄が必要な場所は、普段から雨があたらないため指で触るとわかるほどホコリがたまっている場所です。そのまま塗装すると塗料の色が変わってしまうほど汚れているため高圧水洗浄が必要です。たとえば廊下や室内など、ふだん雨が当たらない場所は洗浄したほうがいいのですが、そういう場所では高圧水を吹きつけて洗うことはできません。しかし高圧水噴射洗浄などの作業をすることなく塗装工事をしても何の問題も発生しないのが一般的です。この例からも、高圧水洗浄は必ず行わなければならないことではないのです。

高圧水洗浄には、一平方メートル当たり八〇～一五〇円の経費がかかります。大規模なマンションですと外壁が八〇〇〇平方メートルくらいありますから、それだけで一〇〇万円前後にもなります。洗浄の必要性の少ない外壁を洗浄するのは、水ならぬお金を吹きつけて下水に流すようなものです。高圧水洗浄を全面的に行うのではなく、洗浄の必要な部分のみに限定して施工することで工事費用の節約ができます。

●塗装塗膜のはがれや浮きの処理

四〇年におよぶ私の外壁工事経験ですが、まとまった量の外壁塗膜がはがれるという事故をかなり昔になりますが経験しています。今と違って昔はセメントに色をつけて吹きつけていたため、塗装後一〇年も経つと、セメント成分が劣化してチョーク（白墨）状になってしまいます。このチョーク化した外壁に水性塗料を塗ると塗膜がはがれ落ちてしまうのです。ちょうど海水浴などで日焼けした後、肩などの皮がむけるのと同じです。

困った私は、木材に塗るウレタンニスを塗料シンナーで薄めてセメント壁の外装材に浸みこませて塗る方法を考案し、実験していました。後に塗膜のはがれを防止するシーラーという、すでに塗られている劣化した塗料に浸透して固め、上に塗料が接着しやすくする液体が塗料メーカーから発売されましたが、私はシーラーが発売されるずっと前から、自分で工夫してはがれ事故を防止してきました。

下地補修の作業

①タイル剥落補修

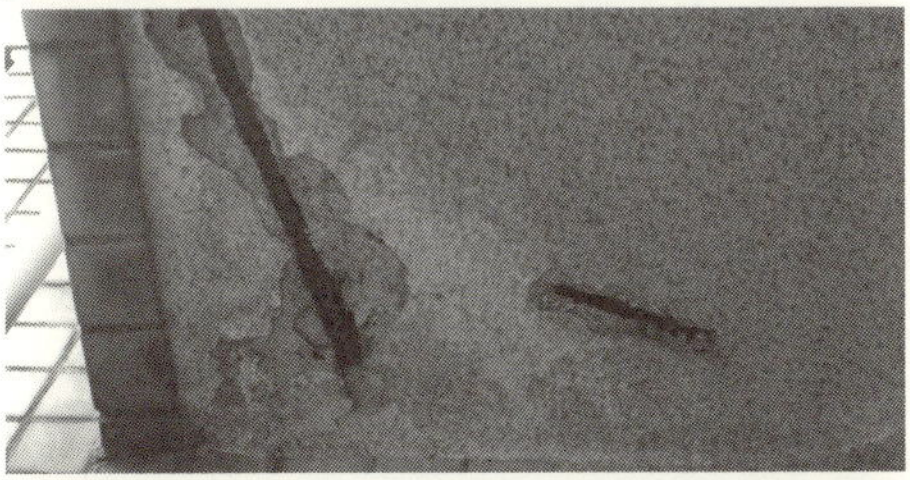

②爆裂

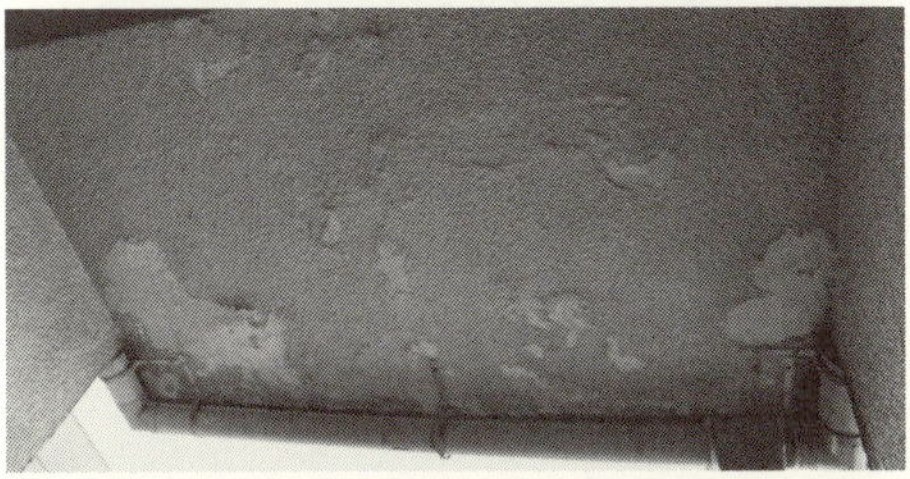

③はがれ

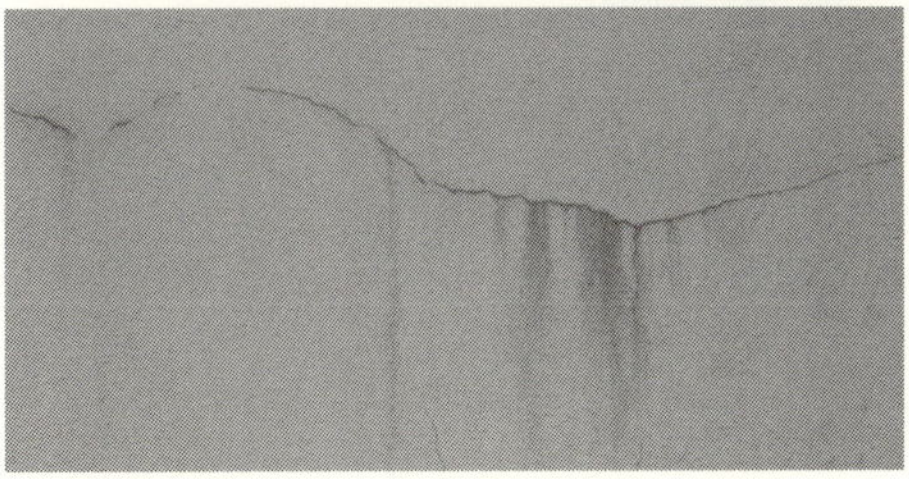

④亀裂

なお、今の外壁は樹脂系の塗料が塗られていますので、特殊な塗料を塗るとき以外、シーラーは不要です。

外壁塗膜に少しでもはがれが発生している場合は、高圧水洗浄が有効です。塗膜がはがれかかっているところへ圧力の高い水を吹きつけることで、付着力の弱まった塗料は吹き飛ばされてしまいます。飛ばなかった塗料はしっかりと接着されていることになります。付着力が弱まった塗料を放置したまま上に塗装してしまうと、一時的には塗料が付着しているように見えても徐々にはがれてきてしまいます。高圧水を吹きつけることで付着力検査を自動的に行っていることにもなり、むしろこれこそが高圧水洗浄の最大の使命でもあるのです。

●コンクリートの亀裂補修は、防水効果と亀裂を表面的に隠す工事

コンクリートの亀裂補修は、雨水の浸入による雨漏り防止が最大の目的です。

亀裂には表面的なわずかな亀裂から、表面から裏面までコンクリートの中を貫いてい

る構造亀裂まであります。構造亀裂は一般的にはすじ状に入っているのが特徴で、表面から裏面までほぼ同じ位置に発生します。

よく窓の上下にヒゲのようなヒビが入っているのを見かけますが、こうしたヒビ割れは構造亀裂である場合がほとんどです。窓などの開口部は鉄筋が入っておらず構造的に弱いため、地震などによって亀裂が発生しやすくなります。補強用の鉄筋などを入れていますが、それでも影響を受けてしまうわけです。

通常行われているマンションの大規模修繕工事では、大がかりな補強工事を追加しないかぎり、亀裂の動きを防止することは不可能です。亀裂にエポキシ樹脂などを注入して亀裂の動きを止めようとする工法もありますが、まず不可能です。多くの大規模修繕で行われている亀裂の補修目的は、亀裂から水が入らないようにする防水処理と、亀裂が塗装した表面に表れないようにすることが主な目的となります。

ある程度大きな亀裂については、ダイヤモンドのカッターで亀裂の周囲をえぐり（Vカット、またはUカット）、広げた隙間に弾力性のある樹脂（パテ）を埋め込みます。こうすることで地震などの振動が起こっても、充填したパテが亀裂の動きを吸収して亀裂が塗装表面に表れず、雨水の浸入を防止するとともに、亀裂による見苦しさを防ぐ役目をします。また特殊な充填剤を使用して、肌合わせ工事という補修部分を既存の塗装壁の表面と同じように特殊加工する工事を行うことで補修部が肉痩せすることなく、外壁の美観も保ちます。このようにていねいな亀裂補修工事をすれば、外壁の塗装面には長期間、亀裂の存在すら気づかないくらいの効果があります。

また、小さな亀裂だからといって、弾力性に乏しい材料を亀裂表面に塗りつけるだけの補修ではほとんど意味がなく、私にいわせればそれは目くらましの工事です。わずかなヒビ割れでも弾力性のある素材で塞がないと、亀裂はまた口を広げてしまうのです。

当社では弾力性に優れた材料を使い、塗装表面の仕上がりに影響しない程度に厚みをつけて亀裂の目止めをします。もちろん補修した跡がなるべく目立たないように、肌合わせ工事も併せて行っています。

亀裂の補修方法として一時期、亀裂のところどころに穴を開け、樹脂を注入する方法が流行りましたが、この方法で亀裂の動きを止めることはできません。

また、マンションの大規模修繕で一般的に行われていた中程度以下の亀裂の補修方法では、セメント系材料を亀裂の上からところ構わず塗りつけるという方法が一般的です。住民の方はその補修跡を見ると、たくさんの亀裂をしっかり補修してくれてよい工事だと思うようですが、私はそういう大規模修繕中のビルの壁面をみるたびに、残念でなりません。その補修ではセメント系の材料なので弾力性がないため、一時しのぎの補修にしかならず、すぐに亀裂が表面に表れてしまうのです。

●外壁コンクリートの補修

外壁コンクリートの爆裂や欠落の補修、外壁の凹凸補修も塗装の前に行う大切な工事です。雨水などが滲み込んだ影響でコンクリート内部の鉄筋が錆びると、鉄筋の体積が膨らみます。そのために周囲のコンクリートが徐々に押し出され、コンクリートがポロリとはがれることがあります。このときコンクリートがはがれた部分にはほとんど例外なく鉄筋が現れます。この現象を業界では〝爆裂〟と呼んでいます。

爆裂の兆しは、コンクリートの膨らみで予知することができます。したがって、補修に入る前の状態観察の段階で膨らんでいる箇所を発見したら、必ずマーキングを行います。すでにコンクリートが落下した部分だけの補修では、膨らんでいる別の部分が新たな爆裂を起こしてしまいます。

爆裂した部分の修繕は、まずワイヤーブラシで露出している鉄筋の錆を削り、よく掃除します。その後、欠けた部分を補修します。セメントで補修する場合もありますが、最近はエポキシ系の樹脂を混合した補修剤を使うことが多くなりました。この補修剤は接着性に優れているうえ、軽石のように軽量で一度に厚く塗りつけることができる作業性にも優れています。

運搬中の荷物をぶつけられたりして部分的に欠けてしまうコンクリートの欠落もあります。アルミ手すりの継手などから支柱の中に水が入り、根元の鉄筋が腐食してしまい、その部分のコンクリートが欠けることもあります。

欠けた部分を成形・補修した後、手すりの根元はシーリングし、アルミ支柱にドリルで穴を開けて液状のエポキシ樹脂を注入して補修します。こうした見えない部分の補修をすることではじめて、手すり周りのコンクリートが壊れる危険を防止できるのです。

三、「塗装」――自信作の「ワンコートシステム」

●「なぜ塗装が必要か」に立ち返る

ここで改めてなぜ塗装が必要かをお話したいと思います。
塗装の目的は主に次の三点です。

㈠ 建物をきれいにする（美観）
㈡ 既存の塗膜を紫外線や風雨から守る（劣化防止）
㈢ 外壁から雨水の浸入を防ぐ（防水）

外観を美しく塗装することは、修繕をするうえでもっとも効果的でわかりやすい点です。新たに外壁を塗り替えることで、既存の塗膜が完全に劣化する前に保護するとともに、過去に塗り重ねられた防水性のある塗膜の上にさらに塗装を行うことで、コンクリート面に雨水が浸入することを防げます。また、建物を外的環境から守り、長持ちさせて、次の大規模修繕が必要になるのをできるだけ遅らせるために必須です。

●弾性塗料とは何か

防水に関連しますが、外壁の防水塗装によく使われる塗装材は弾性塗料です。弾性塗料は水性塗料のひとつで、弾力性に富むアクリルゴム系の塗料です。塗膜がゴムのように伸縮して、コンクリート表面に発生した亀裂の動きに追従できる塗料です。

本来、どういう塗料でも塗装することで水の浸入は防止できます。しかしコンクリートの亀裂をそのままにその上から塗っても、塗料が亀裂の動きに追従することができず、亀裂部分が破断して、再び雨水が浸入してしまうのです。

通常、業者は「弾力性のある塗料で防水性があります」と説明します。しかし弾性塗料を使いさえすれば防水効果が高まると考えるのは早計です。弾性塗料は厚みの出る特殊なローラー（砂骨ローラー等）を使用して初めて本当の防水塗装といえるのです。

弾性塗料を塗布してある程度乾いた後、爪を立ててみると、爪に弾力が伝わってくるのがわかります。これくらいだと防水効果を発揮するのです。仕上がりが夏ミカンやゆずの表皮のような凸凹模様や波型模様がついている壁面は、この塗装法が用いられたものです。外装専科では亀裂が多く防水性が必要な外壁には、①シーラー下塗り、②アクリル系弾性塗料を砂骨ローラーで塗装、③最高級アクリルウレタン塗料仕上げ塗装仕様で施工しています。

●打ち放しコンクリートの塗装

コンクリート打ち放し仕上げのマンションを最近また見かけるようになりました。コンクリート打ち放しは、新築時は耐水性があるものの、時間が経過すると、だんだん水を吸い込むようになります。

最近の打ち放しコンクリートでは、新築時からコンクリート表面を樹脂で加工したものも多くなっています。一〇年程度経過しても防水機能が保たれるようです。しかしそれ以前の打ち放しコンクリートでは、経年によって水をかけるとスーっと吸い込み、表面がどんどん粉っぽくなります。コンクリートを中性化させる（ぼろぼろになる）最大の原因は雨水です。染み込んだ雨水がコンクリートの成分であるアルカリ性の石灰石を中性化し、コンクリートの表面を風化（吸水性の高い状態）させてもろくしてしまうのです。

そこでコンクリートの防水処理が必要になります。表面に樹脂加工をしていないコンクリート打ち放しの場合は、撥水剤を十分に染み込ませ、撥水剤が結晶化して水が入らなくなるようにします。この作業を事前に行っておけば打ち放しの壁に水をかけても、ハスの葉に水滴が玉のように動く感じで水が外壁から玉になって滴り落ちます。

また、もうひとつの塗装方法は打ち放しコンクリート面の巣穴などを補修した後、コンクリート面に浸透性のシーラー（コンクリート表面を補修した上に塗る塗料の接着力を高める働きあり）を塗布します。さらにコンクリート色で一～二回塗装し、その上に打ち放しコンクリートの風合いを出すため、色違いの塗料で点状に特殊な塗装を施し、最後にツヤ消しの透明塗料を塗装する方法です。見た目は新築に近い状態になり、水も受け付けなくなります。

●ワンコートシステムとは

当社が行う外装塗装の七割は「ワンコートシステム」を採用しています。ワンコートシステムとは当社の登録商標で、一回塗りで仕上がる画期的な塗装システムのことです。

共通仕様書に「一回塗り」という指定はまずありませんが、私は、雨の当たらない部分はワンコートシステムを提案しています。これがもっとも効率的でむだのない最善の方法だと考えるからです。

大規模修繕の際に三回塗る塗装仕様にすると、新築時にすでに三回ほど塗装されているためコンクリートの上には合計六層もの塗膜があることになります。二回目の大規模修繕でさらに三回近く塗料を塗り重ねると塗膜は九層です。既存の塗膜に剥がれている箇所などがなければ、大規模修繕の度に三回も塗るのは過剰な塗装仕様と考えられます。

たとえば、廊下やバルコニーの内壁などはほとんど雨も当たらないのですから、一回塗りのワンコートシステムだけで十分です。きれいな凹凸模様をつけてあるような壁に厚みの出る微弾性塗料を含む三回塗装をすると、せっかくの凹凸模様をつぶしてしまい見た目も悪くなってしまいます。そのためにも厚みの出ないワンコートシステムが適しているといえるのです。

当社では、七〇％近くの外装工事はワンコートシステムで、すでに大小一五〇棟の外壁塗装の実績がありますが、今のところ大きな不具合は一件も発生していません。

一方、雨の当たる外壁でも傷みのない場合は、亀裂等の下地補修後にワンコートシステムを塗装するだけで十分です。ヒビ割れ等が起こっていて傷みが激しい場合は、亀裂部分等に弾性塗料を砂骨ローラーで補修塗装した上にワンコートシステムをするように提案しています。

●微弾性塗料とは

マンション大規模修繕で使われている共通仕様書の九〇％以上で微弾性フィラーの使

用が指定されていますが、外装専科では一回も使ったことがありません。補修程度もありますが、当社では微弾性フィラーはあまり意味のない塗料と考えているからです。建物を雨水の浸入から防止するためには亀裂の補修は欠かせませんが、亀裂の多い建物には弾力性のある塗料を厚く塗ることで、次回の工事まで亀裂を表面に表さない効果があります。

しかし、微弾性フィラーは読んで字のごとく、ほんのわずかしか弾力性がありません。このため微弾性塗料で塗装しても下地にある亀裂がすぐに塗装表面に表れてしまうのです。当社では「弾性塗料とは何か」（七四ページ）でも述べていますが、亀の子状の亀裂がある笠木なども必ず微弾性フィラーではなく、シーラーを施工した後、弾性塗料を砂骨ローラーで肉厚に塗装し、さらに高品質のウレタン塗料で仕上げています。

弾性塗料は硬化した後でも引っ張ればゴムの弾性を維持しています。それだけ亀裂の動きに追従し、亀裂から水が入りにくいため、防水効果が高いという証拠です。

●高価な高弾性塗装やフッ素塗装

高弾性塗料を外壁に用いる塗装方法もあります。これは非常に弾力性に富む塗料で、三～五回も塗って厚みをつけることもあります。鉄骨構造の建物や雨漏りがひどい建物には非常に有効です。しかし傷みの少ない外壁に使用してもあまり意味はありません。その理由は、いくら弾力性のある塗料で厚みをつけたところで、弾性塗膜の作用が期待できるところは所詮、亀裂のある部分だけだからです。

亀裂も何もないところに、高弾性塗料を複数回も塗る必要があるでしょうか？　高弾性仕様は価格も高く、通常のマンションにそこまでの厚塗りは不必要だと私は考えます。

また、専門書のなかには「外壁塗装にはフッ素塗装もあります。フッ素塗装は最高級の塗装でお勧めです」と書いたものもありますが、こうしたキャッチコピーに惑わされてはいけません。

確かにフッ素塗装は最高級で、飛行機などにはフッ素塗装が施されているそうです。

しかし、マンションに飛行機と同じだけの特殊な塗装が必要でしょうか？

マンションの大規模修繕のポイントは、外壁の亀裂等の不良部を補修した後、外壁を美しく再生させてマンションの価値を上げることにあると思います。居住者が販売しようとしたときに、あるいは購入希望者が見学に来たときに、その価値を分かりやすく、どう現実的に高めておくか。ここがマンションの大規模修繕で重要ポイントのひとつです。購入のために見学に来た方が、「飛行機と同じ塗装なんて、すごいですね」と喜ばれるとは思えません。「ああ、そうですか」という冷静な反応が関の山でしょう。あるいは、注意深い人ならば「なぜそこまで塗装したのですか？」と不思議がるかもしれません。

フッ素塗料は、一八リットル缶で七～一〇万円前後もする値の張るものです。よいものには違いありませんが、マンション塗装に必要かというと、疑問符がつきます。さらにいえば、フッ素塗装をしたからといって、二〇年持つという保証もないのです。

私がマンションのオーナーや管理組合の理事長であれば、余程修繕積立金に余裕がない限りフッ素塗装は選択しません。そんな余裕があるのなら、エントランスや周辺の植栽をはじめ、もっとマンションの付加価値を高める工事をした方がずっと効果的だと思います。

●目的に合った塗装方法を選ぶ

塗料によって塗装方法は異なります。塗装方法を大別するのは、塗装に使用する三つの塗装道具です。

㈠　**刷毛塗り**
㈡　**ローラー塗り**
㈢　**吹付塗装**

刷毛による塗装は現在ではあまり使われなくなりましたが、細かいところはやはり刷毛で塗ります。ドアの取手周りなど弧を描く箇所や狭くてローラーが入らない箇所等細かいところに用います。

現在の塗装はローラーを使う方法が圧倒的に多くなっています。ローラーの毛の長さは二ミリから二〇ミリ前後の長いものまであり、使い分けます。毛足のもっとも短いものは「短毛」といい、鉄扉表面などの平らな部分を塗装するときに使用します。毛足が中ぐらいのものが最も多く使われており、ローラーの周りにウールのような繊維がついているので「ウールローラー」と呼ばれています。家庭で水性塗料を塗るときに使用するのもこのウールローラーです。次に毛足のもっとも長いのが「長毛ローラー」といい、凸凹が激しい下地でもローラーの毛先が下地に届いて塗装できるようになっています。

これに対して、弾性塗料、マスチック塗料、微弾性下塗材のように、ぼってりと重い塗料を厚く塗る場合に用いるのが、マスチックローラーで別名を砂骨ローラーといいます。ちょうど乾燥したへちまのように、細かい穴状のくぼみが無数についているスポンジローラーで、仕上がりがゆずの表皮のようになるのがもっともポピュラーですが、波形や渦巻き形の模様ができるよう工夫されたものもあり、厚く塗る必要がある場合以外に、模様を楽しむために使われます。多孔質ローラー、マスチックローラー、パターンローラーなどとも呼ばれています。厚ぼったく塗るので、下手に塗るとムラになります

ローラーの種類

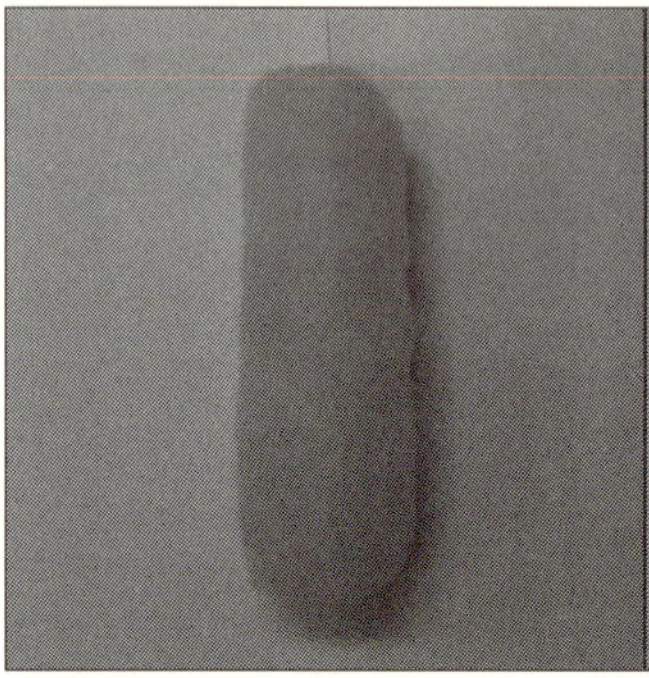

①ウールローラー

②砂骨ローラー

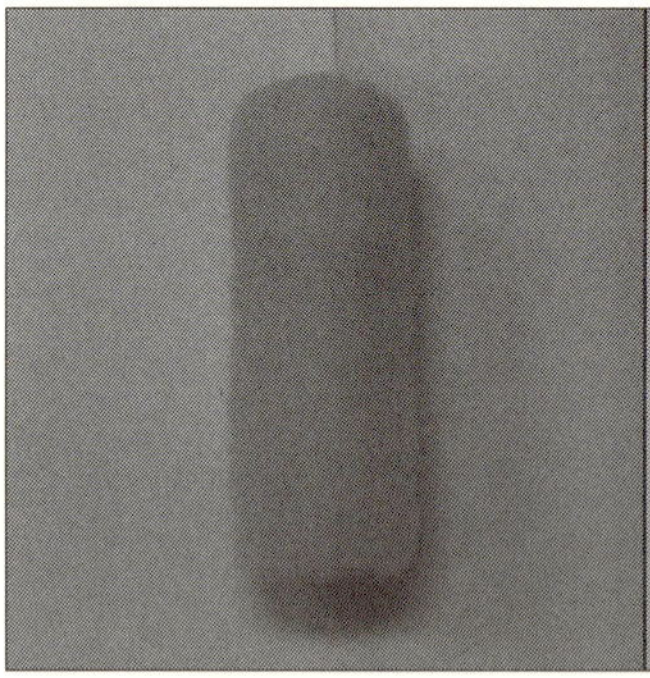

③スモールローラー

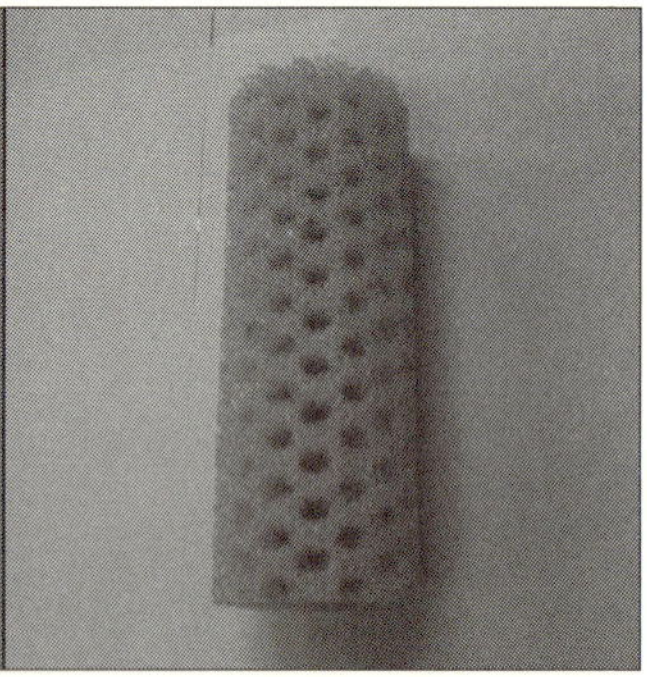

④パターンローラー

から、マスチックローラーを使いこなすためには熟練が必要です。

吹付塗装は、スプレーガンに入っている塗料を圧縮空気で対象物に吹きつけて塗装する方法です。

弾性塗料は外壁の亀裂に効果があると前述しましたが、塗り方によって結果が違ってきます。ウールローラーで弾性塗料を塗っても厚く塗れないので、しばらくするとまた亀裂が表れてきてしまいます。砂骨ローラーで弾性塗料を塗ると、外壁本体に小さな亀裂があっても、少なくとも五～七年程度は亀裂が表面に表れにくくなります。弾性塗料を砂骨ローラー塗装することではじめて、建物を保護する防水効果が生まれるのです。

塗装の仕様には「弾性塗料を使う」と指定してあるだけだと思いますが、ローラーも確認すべきです。同じ弾性塗料を使っても、ローラーによって仕上がり感と塗膜の厚みがまったく違います。大規模修繕の発注者である管理組合の方は、どうぞ、どんなローラーを使うのかも確認してください。ローラーの種類によって塗料の使用料が三～四倍も違ってきます。

四、「タイル貼り」――資産価値を落とす貼り替え主義

●タイルの浮きは叩いてみないとわからない

タイル貼りのマンションのなかに、外装タイルが落下して通行人がケガをするケースが新聞に載ることがあります。タイルの浮きは、大規模修繕で完全に補修しなければならない重要修理項目です。

タイルの浮きは、目視では発見するのが難しいため、パルハンマー（打検棒）という、棒の先端にパチンコ玉がついたような形の専門工具でタイル面を叩き、音で浮きを確認します。ところが、共通仕様書の多くは外壁タイル面積に対して何パーセント不良部があるという予測値で、樹脂注入やタイルの貼り替えが指定されています。

この予測値はほとんどが過大な数量で指示されていると考えてよいでしょう。本来は廊下側等手の届く範囲だけでも、実地調査をしてから予測値を出すべきです。それだけでも、かなり正確でむだの少ない大規模修繕の見積りになると思います。当社は可能な

限り、パルハンマーによる浮きチェックでサンプル調査をし、タイル改修工事がどの程度必要かを冷静に判断しています。

貼り替えが必要なタイルははがして貼り替えますが、小さなヒビ割れや欠け、浮きはなるべく貼り替えずに注入工事や補修跡が目立たないように、部分的に小さな欠損部補修を心がけています。タイルの接着不良による浮きはタイル裏側への樹脂注入によって固定することができます。ヒビが入ったものは、ヒビの隙間に透明で弾力性のある樹脂を注入する方法もあります。

外装タイルは過剰に補修枚数ばかりを増やす「貼り替え主義」ではなく、補修跡が目立たずマンションの資産価値を落とさない最小限の貼り替え工事をすべきです。

ことに外壁が総タイルのマンションでは、大がかりなタイル壁改修工事をして、大きな利益を得ようとする業者に気をつけなければなりません。外装タイルの改修は推測値で見積もられ、扱いは精算項目です。推測値で過大な数量が共通仕様書で指示され、実際にはごく一部しか不良部がない場合でも精算のときに正直に減額を申し出る業者がどれくらいあるでしょうか。タイルを数千枚も貼り替える工事は修繕積立金をむだに失うための工事以外の何ものでもありません。精算項目で数千枚の貼り替えが指定されていると、実際タイルを貼り替える職人は傷んでいないタイルまで貼り替えなければ大幅な収入減になってしまいます。そのため、マンションの資産価値など頭の中にはなく、がむしゃらに色違いのタイルを貼るので、都内のあちこちで見苦しい外装タイルのマンションが誕生してしまっています。

●外装タイルの色を統一する、当社の特許技術

外装タイルに関して、以前リフォーム事業への進出を考えているというある大手のタイル会社の常務と話したことがあります。その常務は「本来、タイルというのは、一〇年やそこら経ったからといって、大がかりな工事をするものではない」といわれました。しかし、現実の大規模修繕では、一〇～一三年ほど経過したタイル壁で、ほんのわずかでもヒビ割れが入ったり欠けていたりすると、大がかりにタイルをはがして貼り替える工事が行われています。

その場合でも、マンションに貼り替え用のタイルが保存されていればよいのですが、保存分がない場合は、貼り替え用のタイルは改めて注文しなくてはなりません。新築時にタイルを焼いた工場で同じように製造したタイルを貼ったとしても、同じ色合いにはなりません。また既存のタイルは長い時間を経て経年変化していますから、新しく貼るタイルと同じ色になることは難しいのです。

タイルを全部貼り替えればよいのですが、それは現実的ではなく、その結果、街中には外壁タイルの色違いがハッキリとわかるマンションが目立つのです。これは自信をもっていえるのですが、当社が手がけた外装タイル改修工事では、そんな色違いのマンションはほとんどありません。タイルを貼り替えても、見た目にタイルの色違いはありません。それには二つの理由があります。

当社は「タイル貼り外壁の補修方法（リサイクルカット）」という特許を所有しているのです。これは私のちょっとしたアイデアから生まれました。この工法では、屋上の隅など、目立たないところに貼られているタイルをはがし、亀裂などで貼り替えが必要な部分に移植貼りする技術です。もともと今まで貼られていたタイルですから、色合いもほぼ同じで、見分けはつきません。こうすることで、外装で目立つところのタイルは色違いにならないのです。補修箇所の貼り替えのためにはぎとった部分には、できる限り似た色合いの新しいタイルを貼ります。これがリサイクルカット工法で、マンションの資産価値を落とすこともありません。

当社のリサイクルカット工法を開発したときは、すごい発想だと思いましたが、タイルの種類によってはノミとハンマーでもタイルを割らずにはがせることを知り、がっかりしたことを覚えています。

もうひとつの理由は、元々なるべくタイルははがさない方法で修理しているからです。わずかな欠損やタイルの浮き部分まではがして色違いのタイルを貼る業者もありますが、外装専科では必要最小限しかはがさないのです。

●注意が必要な透明樹脂コーティング

大規模修繕で、外装タイルの壁を透明樹脂でコーティングを施工するマンションもありますが、コーティングは築後一〇～一五年程度の建物の場合は、絶対にやめるべきです。

樹脂コーティングを施工するのは、外装タイル面から雨漏りが多くあったり、建築してから二〇年～三〇年以上経過しており、外装タイルのツヤが落ちて何となく見苦しく感じるマンションに施工すべきです。

タイルは陶磁器ですから、適度に手入れすることで半永久的に持つものです。タイル表面に一回樹脂加工をしてしまうと、もう「塗りもの」の壁になりますから、その時点で陶磁器本来のよさを失ってしまいます。元のタイルに戻そうとしても、樹脂をはがす薬を使わなければなりませんから、大変な手間とお金がかかり現実的ではありません。

タイルの樹脂加工はタイル壁本来の良さを失わせる過剰工事となる恐れがあります。樹脂コーティングを施工しても良い場合とそうでない場合をよく見極めて実施してください。そして、樹脂コーティングを施して何年か経ち、樹脂が弱ってきたり、はがれてきたりしたら、多額な費用をかけてま補修工事をしなければならなくなることも覚えておいてください。

●タイル壁の防水処理

タイル壁の防水処理として、このほかに「撥水剤塗布工事」がありますので、紹介しておきましょう。

この方法は古い建物であればあるほど防水効果が高くなります。その理由は建築後年月を経ているタイル目地は劣化が進み、撥水剤がよく浸透するからです。この防水処理をすると雨が降っても雨が目地に付着する余裕もなく、ハスの葉の上についた水玉のように落下します。もちろん施工して二年近くも経てば、また表面の撥水は弱まりますが、セメント目地に浸透した成分が結晶化しているため、長期間水の浸入を防止することができます。この防水は樹脂の塗膜と異なり、はがれることはありません。見苦しくなることもありません。

このタイル壁の防水方法は、新築間もない、目地の劣化がない建物に使用してもほとんど意味がありません。吸水性が高く古くて劣化した目地ほど高い効果が持続します。

五、「シーリング」――傷みのないシーリング工事も打ち替え？

●塗料の有無でシーリング材の傷み方が変わる

シーリングとは窓枠とコンクリートの間の目地や、手すりの根元などにゴム状のシーリング材（シール材）を充填する工事です。シリコン、ウレタン、チオコール変性シリコンといった弾力性のある樹脂で作られており、雨水が建物の内部に浸入しないように防水する役割があります。

建物の階と階の中間に横目地があるのは、

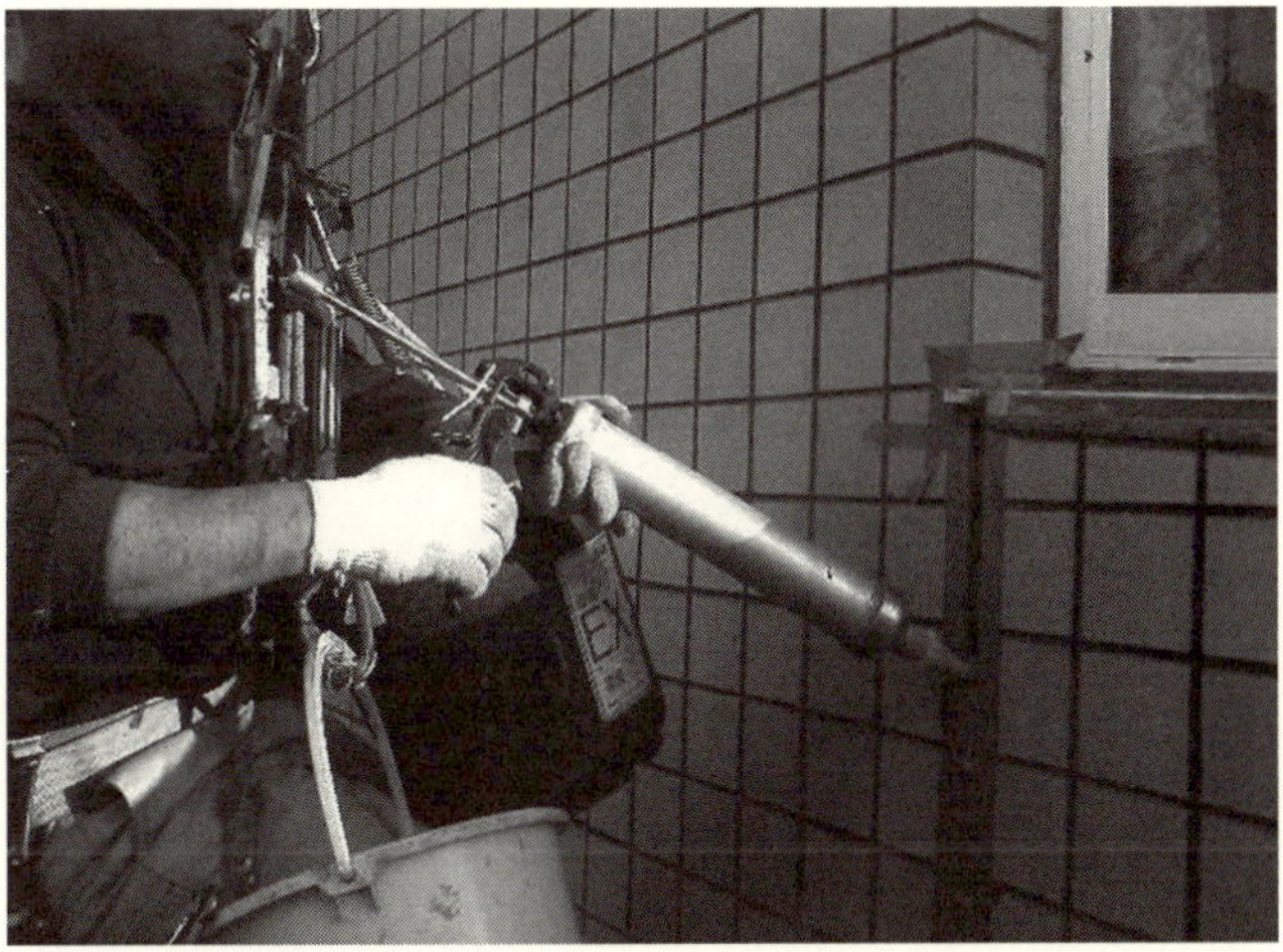

シーリング作業

建築時の工事の進め方に理由があります。たとえばコンクリートの建物は一階部分にコンクリートを流し、それが固まった後に二階部分にコンクリートを流す方法を繰り返します。このため、階と階の接続部分に亀裂が発生しやすく、雨漏りの原因になっています。それを防ぐためにあらかじめ一・五センチ程度のくぼみをコンクリート面の横に作っておき、この隙間にゴム状のシール材をつめ込み、建物が動いて亀裂が発生しても水漏れが起きないようにするのです。このような工事をシーリング工事（コーキング工事）といいます。

大規模修繕では、このシーリング工事も本当に必要なのかどうか、慎重に見極める必要があります。というのも、シーリング材の表面に塗料が塗装されていれば、あまり経年によるダメージは起こっていないはずだからです。

シーリングした上に塗料がかかっている場合は、窓周りのように紫外線が強く当たる部分であっても、塗料を塗ったことで保護されているので、傷みは少ないのが一般的です。傷んでいなければ無理に交換する必要はありません。

通常タイルが貼られた目地に施されたシーリング材の上には塗料を塗りません。このため一〇〜一五年経つと目地表面が粉っぽくなったり、肉痩せしたりします。この場合は、打ち替える必要が出てきます。

塗料がかかっていないシーリング材は定期的な打ち替えが必要なのですが、塗料で塗装されているシーリング材は劣化状態をよく調査し、施工の必要性を吟味すべきです。

当社は、見積り調査のときに可能な限りシーリング材の切り取り調査を行っています。その結果、交換した方がよいシーリング部分だけを取り替えるように提案しています。見積り提出時には、シーリング見本を添付して、手で引っ張ってもらい、シーリング材の性能が落ちていないことを実感してもらいます。

交換が不必要なシーリング材まですべて打ち替える工事はむだであり、大きいマンションになると数千メートルもあり、施工すべきか慎重なチェックが必要になります。

●構造別にみるシーリング材の傷み方

シーリングの耐久性は、シール材の上に塗料がかかっているかどうかが大きなポイントと話しましたが、もうひとつ、建物自体の構造もシーリング材の傷みと耐久性に影響を及ぼします。

シーリング材が傷みにくいのは、鉄筋コンクリート構造の建物です。建物が揺れるのは地震のときくらいのものなので、シーリング材の伸縮のくり返しが少なく、あまり傷みません。ただ前のページでも述べましたが、タイルの目地シールは紫外線などで比較的早く劣化が進みます。

一方、鉄骨構造の建物自体が絶えず微妙に振動しています。鉄骨構造に施工されたシーリング材は、建物の動きを吸収して繰り返し伸縮しているため消耗が激しく、シーリング材に亀裂が入ったり、接着部分が口を開いてしまったりする可能性が高くなります。

そのため超高層ビルなどではシーリング材が破断しにくいように、三面に接着させる通常の方法ではなく、目地左右の二カ所のみに接着する二面接着工法によるシーリング工事が行われています。三面接着では動きがシーリング材に伝わったときに、接着面がシーリング材をいびつな力で引っ張るように動くので、接着面がはがれやすくなるのですが、二面接着ならシーリング材が建物の振動を素直に受け止め、シーリング材の破断を防止するという理屈です。

六、「防水工事」——雨漏りしていないのに防水工事

●緊急性がない防水工事は、いい工事でも過剰工事

屋上防水工事も、共通仕様書にあらかじめ明記されている工事のひとつですが、ここも、修繕積立金をにらみながら、現状雨漏りもしていないので次回でもよいのではという考えがあっても、とりあえず見積りに含めてしまうことが多く、大規模修繕の予算自体が膨らんでしまう原因のひとつです。

しかし、現実に雨漏りしていなければむりして屋上防水工事をやり直す必要はありませんし、緊急性がない防水工事は、たとえよい工事であっても過剰工事だといわざるを得ません。

現在、雨漏り等が起きていなければ、築一五年程度なら急いで防水工事を実施する必要はありません。雨漏りが発生したら、そのときに防水工事を計画すればよいのです。万が一雨漏りが起きても、通常階下には大きな被害が発生するようなことは極めて稀な

ことで、最初はほんの少しシミが出る程度です。これは当社の考え方であるだけでなく、現実のことです。ただし、積立金に余裕があり、区分所有者の合意が得られれば、築年数に関わらず予防として防水工事を行うのは悪いことではありません。

●雨漏りは修繕が難しい場合がある

「屋上のコンクリートに亀裂が入っている。雨漏りは大丈夫なのか？」

管理組合の役員さんとしたら、こんな心配が起こるのもわかります。けれど、わかりにくいかもしれませんが、屋上のコンクリートの亀裂は、建物本体の亀裂ではありません。屋上には、防水層があり、その上は一〇～二〇センチ程度のコンクリートよりかなりもろくやわらかいシンダーコンクリート防水層で保護しています。それだけでは表面がきれいに仕上がらないので、砂とセメントを混ぜたモルタルで表面を覆っています。その表面に草や木が生えたり、亀裂が入っていたりしても、シンダーコンクリートの下に敷かれた防水層には何の問題もない場合がほとんどで、雨漏りを心配する必要はありません。

　これが外壁の亀裂であれば、それは問題です。外壁コンクリートの亀裂は内部まで貫通していて防水用の塗膜がないため、そこから雨水が浸入してしまうからです。

　ちょっと専門的な話になりますが、屋上防水にはシート防水、塗布（塗膜）防水等の種類があり、シート防水には、砂つきアスファルト、ゴムシート、塩化ビニルシートの三種類があるなど多様です。防水膜が露出したものを「露出防水」といいます。露出防水の利点は、悪くなった場所がすぐに発見できる点です。雨が漏ったとしても、部分補修で十分に対応できることが多

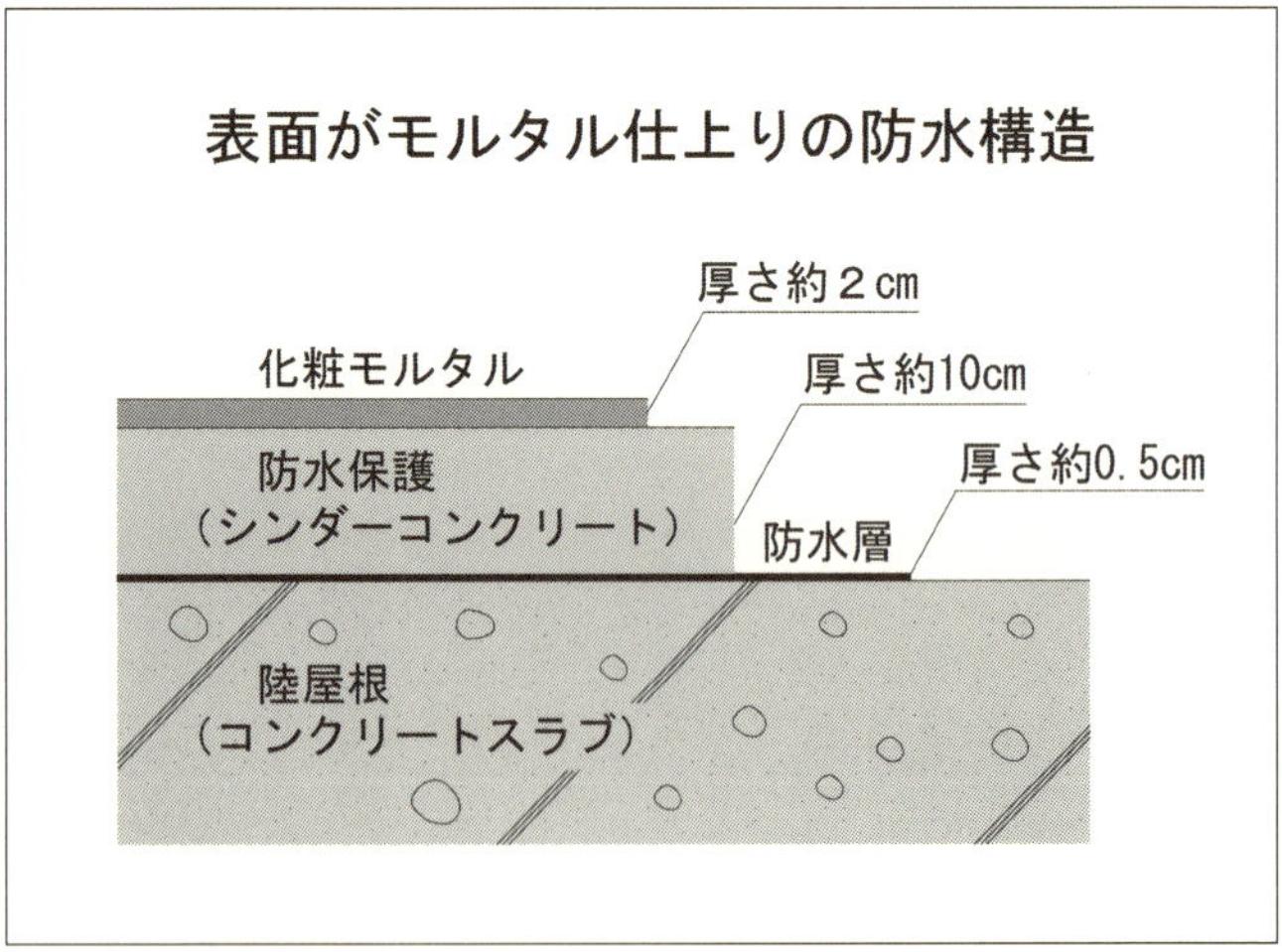

屋上防水の構造図

いのです。

雨漏りの修理は、防水のことが多少わかっていれば大部分は難しい問題ではありません。ところが、一部の雨漏りには、とんでもないところに原因があることがあり、雨漏りを止めるのに手こずることがあります。

私にも、五階建てのマンションの雨漏り補修で非常にてこずった経験があります。そのときは外壁を何回直しても雨漏りが止まりませんでした。窮余の策で、試しに屋上全体に深さ五センチほど水を張りました。すると、二階に雨漏りが発生しました。二階の雨漏りの原因は外壁ではなく、屋上にあったのです。このような例は非常にまれですが、雨漏りの修理は難しいといわれるゆえんです。

屋上防水では、どういう材料を使い、どういう修理をすればいいかもポイントになります。長年の経験に加えて、その場の状況に応じた臨機応変な工夫が必要なのです。ここで適切に行わないと、一時的に改善できたとしても、また雨漏りしてしまいます。

七、「別途提案工事」――マンションの資産価値を高めるポイントはここ！

●エントランスをグレードアップ

最近、大規模修繕をしたマンションの共用部の廊下に、よくシートが貼られているのをみるようになりました。私が以前経営していた会社ではすでに平成元年にマンションの廊下に美観を兼ねた防水シートを貼っていました。改修工事の業界でこの作業を最初に提案し、実際に始めたのはおそらく私ではないかと思います。

「過剰な工事、不要不急の工事を省き、本当に必要な工事をしませんか？　そうすれば工事費をかなり安く抑えることができます。浮いた予算を、資産価値を高めるマンション環境を充実させるために使ってみてはいかがですか？」

お客様にこのように呼びかけ、廊下のシートの他にもマンションエントランスのメールボックスや玄関のネームプレートの取り替え等を提案してきました。

マンションの資産価値を高めるポイントを挙げてみましょう。

まず、エントランスホールは「マンションの顔」です。お金をかけすぎる必要はありませんが、壁や床を石貼りにしてはいかがでしょう？　ぐんとグレードアップします。照明をちょっと変えるだけでも、高級感が出てきます。

またエントランスホールで一考していただきたいポイントは、オートロックです。新しいマンションは、当然のようにどこもオートロックで、高級というほどではないマンションでも、最近新たにオートロックを設置しています。

オートロック機能は年々進化しており、画像で訪問者を確認することができるカラーモニターつきのもの、不在時や過去の訪問履歴などを記憶できるものなどもあり、防犯効果が高まっています。マンションのタイプによっては設置が難しいケースもありますが、設置が可能であれば、検討してみる価値はあります。その点をオートロックの専門家に相談してみてはいかがでしょう。

防犯カメラによるセキュリティの強化も、資産価値のポイントを高めます。防犯対策はマンションの資産価値を左右するものなので、大規模修繕とは別に、防犯カメラだけ設置してもよいのですが、大規模修繕の際に、併せて設置するとよいのではないでしょうか。

ネームプレートやメールボックスも、新しいものに交換するだけで、ぐっと美観をよくする効果的な改善ポイントです。

●各戸のドア再生やピッキング対策でセキュリティアップ

多くの施工業者は玄関ドアの丁番《ちょうばん》にまでは手をつけません。扉は塗装しても、扉の丁番が青サビで見苦しくなっていても修繕提案すらほとんどありません。しかし、私は丁番も必ずきれいに塗装し直すように四〜五年前から提案することを心がけています。周りがきれいになると特に目立ってきますし、扉全体を取り替えると十数万円しますが、丁番を塗るだけならわずかな費用で新品同様に再生させることができるからです。

余裕があれば、ピッキング対策も検討されるといいでしょう。全戸をピッキング対策に対応した鍵に変更する、ＩＣチップを組み込んだ鍵に変更し、エントランスのオートロックを非接触キーに変更するなど、いろいろ方法があります。

マンションによっては、個人負担でピッキング対策を行っているところもありますが、大規模修繕を機に、マンション全体での対策を考えてみてはいかがでしょうか。

エントランスにオートロックが設置できなくても、ドアチャイム式から、モニターつきインターホンへ切り替えれば、セキュリティは格段によくなります。大規模修繕とは切り放して専門の業者に依頼するほうがよいと思います。

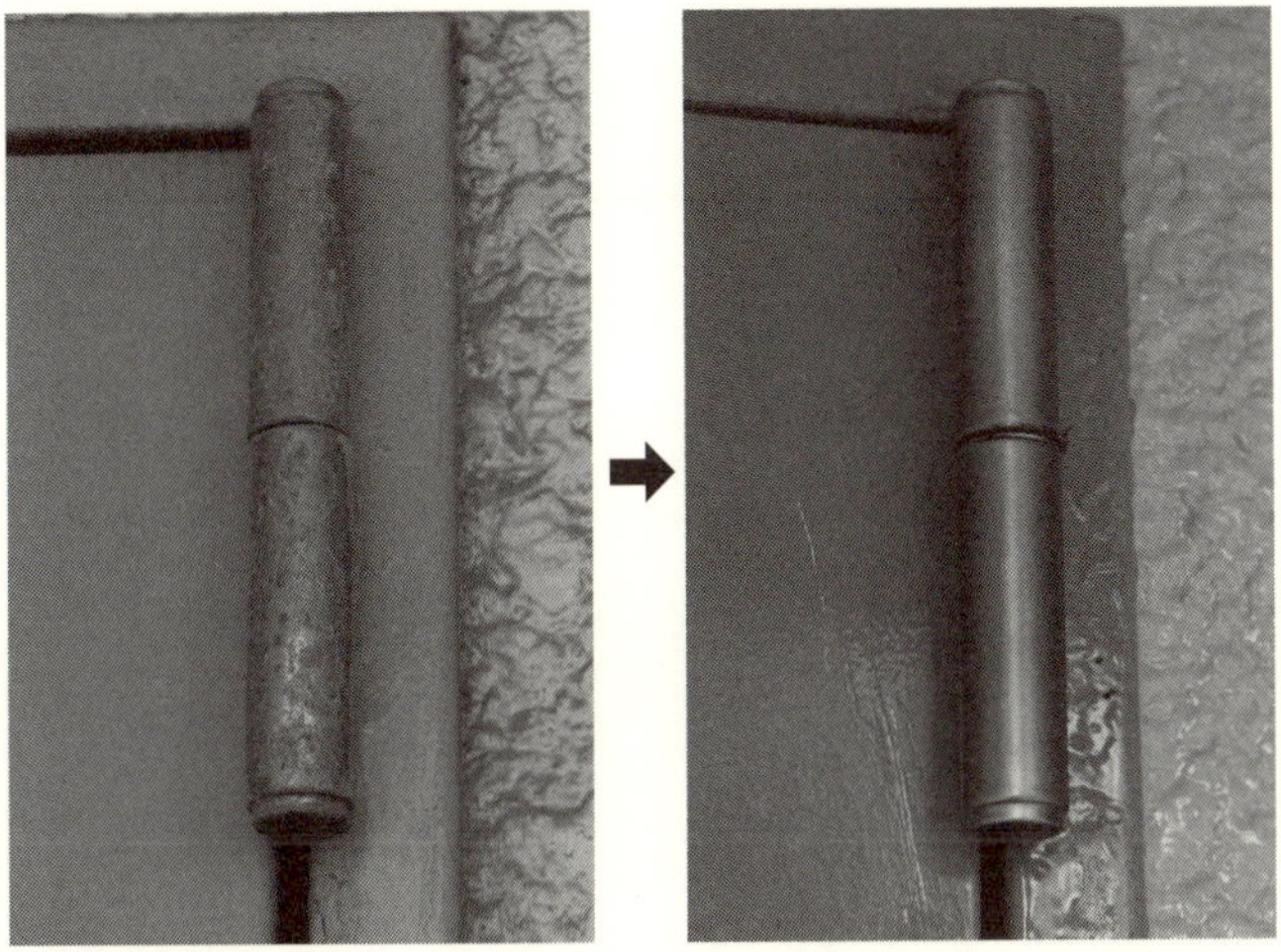

丁番の塗装前と後

●共用部はバリアフリー化と照明の変更が決め手

共用廊下の照明や非常灯の変更を考えてもよいでしょう。目新しく、おしゃれなデザイン照明が数多く販売されています。新しいタイプの照明器具に変更するだけで、マンションのグレードがぐんと上がった感じになります。それに電気代の節約にもなります。

エレベーターのセキュリティ対策をすることも一案です。昨今はエレベーター内での犯罪や事件が多くなっています。エレベーターに防犯カメラの設置を考えた方がよいかもしれません。

バリアフリー化も課題です。マンションを購入したときはまだ若くても、住み続けるうちに年をとり、身体も次第に弱ってきます。マンションのエントランスに車イスが使えるスロープを設ければ、足への負担は少なくなります。階段も手すりをつけておけば安心です。

これから日本の高齢化はますます深刻になっていきます。高齢化社会への備えとして、バリアフリー化しておくことはマンションの資産価値にも影響してくるでしょう。

その他にオプションとして、マンション周囲の緑化、植栽を整えてもよいでしょう。マンションの植栽は、新築時にはイメージアップのために配慮されていますが、その後はあまり手が入っていない場合が多いものです。植栽がないマンションは殺風景です。マンションの周囲に緑や花があるだけで心が和むものです。それだけでなく、外見が美しく整えられるということで、資産価値の向上にもひと役買ってくれます。

こうした提案は、当社の業務に直接つながることではありませんが、大規模修繕という大きな工事に隠れたむだをなくし、建物本体以外にも気を配り、資産価値の維持・向上に目を向けていただくことを願っています。

第三章

修繕積立金の予算内でマンションはここまで蘇る

この章では、当社が過去に手がけた数多くの物件のなかから、事例としてわかりやすいものを六例ピックアップしてご紹介しましょう。

事例㈠　Aマンション

一億円に見える仕上がりも、修繕工事費はわずか二〇〇〇万円

東京都目黒区　（築四五年、平成二十一年に修繕）

Aマンションは他社の見積りでは六〇〇〇～七〇〇〇万円と提示されていました。しかし、私は建物も古く積立金も少ないように思えましたので、過剰な工事内容にならないように、また不要・不急な工事は見積りに含めないように心がけ、二〇〇〇万円以内で見積りを提出しました。その結果、当社の考えが評価されて工事を請け負うことに決定しました。管理組合の方がマンションの掲示版にわざわざ「二〇〇〇万円以内でやってくださる良心的な修繕会社を見つけましたので、依頼しました」とお知らせを出してくださいました。「毎日毎日、きれいになっていくのがわかって、楽しみです」と、マ

ンションに住む若い奥さん方からとても感謝された仕事でした。

周囲に遊歩道があり、人通りもあります。ある居住者が、私にこんな話をしてくれたものです。「近所の人から、『一億円ぐらいかかりましたか？』って聞かれたんですよ」。

あまりにも長期間手が加えられず見苦しいマンションをいつも見ていた近所の人が、塗替工事によって見違えるようなマンションに変わったため、半分冗談で口に出した金額だと思います。この工事は主に吊り足場（ブランコ足場）と一部組立足場を使用して一回塗りのワンコートシステムで施工しました。

事例㊀　目黒区　Aマンション

事例㊁　Bマンション
「ワンコートシステム」を初めて使ったマンションは、七年後もピカピカ

東京都文京区　（築四五年、平成十六年に外装工事を実施）

Bマンションは、別のビルの修繕工事をしていた当社の、足場を組まない方法を気に入って、紹介された方が声をかけてこられ、手がけた仕事です。

マンションを実際に見たところ、壁の下地の状態がよく、亀裂も入っていなかったため、傷みの少ない外壁なら

事例㊁　文京区　Bマンション

一回塗りでもよいのではないかという、長年頭のなかで考えていた塗装方法（ワンコートシステム）で施工しました。

実はワンコートシステムを実際に初めて使用したのがこのBマンションです。この時に使った塗料は現在のワンコートシステムの塗料とは違いますが、六年経った現在でもきれいで、私は一年に一回ぐらいは立ち寄って変化を確認していますが、見る度にうれしい気持ちになります。

事例㊂　Cコーポ

修繕費九二九万円で、マンションの人気も住む人の気持ちもアップ

千葉市中央区（築四〇年、平成二一年に修繕）

Cコーポは千葉市にある築四〇年のワンルームタイプのマンションです。外観からしていかにも古びており、手すりのパイプもボロボロ。欠けている部分も放置したままで、危険でさえあるマンションでした。当社の営業担当者が声をかけたことがきっかけ

で手がけることになりましたが、予算が少ないため、補修工事部分は屋上と外壁およびボロボロに劣化した手すりなどでした。しかし、私は廊下や階段の壁があまりに見苦しく、商売勘定抜きで塗装してしまいました。

　錆びて欠けたパイプは通常、溶接でつなぎますが、この建物の場合はもうパイプそのものが薄くなっていて溶接してもすぐに欠けてしまうことが予想できました。そこで樹脂を空洞に詰め込み、樹脂の棒によってつなげるという処理を施しました。

　修繕後、見違えるように再生したマンションを見て、管理組合をはじめ住人のみな

事例㊂　千葉市中央区　Cコーポの手すり施工前、施工後

さんにはとても喜んでいただきました。工事するまでは一〇室近くの空き室があったそうですが、修繕後ほどなく満室になったと理事長から電話で教えていただきました。

後日、このマンションの近くで見積り調査があったため立ち寄ってみると、マンションの前にプランターが置かれ、きれいなお花が植えてありました。自転車置き場も工事後に屋根つきの立派なものに補修されていました。建物がきれいになったせいかどうかはともかく、ひとつの修繕が住人の方々の心まで変えたのは、修繕工事を手がける者として、このうえない喜びです。

事例㈣　Dメゾン

タイルの色にも配慮した貼り替えで、美しい仕上がりに

東京都新宿区（築二〇年、平成二〇年に修繕）

Dメゾンはタイル貼りの古いマンションで、二回目の修繕工事を担当させていただきました。一回目の他社修繕時の不手際工事が発覚し、一回目を請け負ったリフォーム会

社と管理組合が裁判をした結果、管理組合に賠償金が支払われ、その後に行われた競争入札で当社が出した見積りがもっとも安かったことが決め手となって請け負った工事です。

依頼は外壁タイルが落下したため、外壁タイル全体の点検および補修工事でしたが、当社が確認したところ雨漏りもありました。前回の工事では全面的に足場を組んでの作業だったようで、足場を固定するためにタイルの上からボルトを打ち込み、その結果破損したタイルのところに、色の違うタイルが貼ってあるので色違いが目立っていました。

事例㊃　新宿区　Dメゾン

そこで、当社は目に触れにくい場所にあるタイルを傷つけずにはぎ取って、補修が必要な部分に移植貼りする技術で、色違いになっていたタイルを貼り替えて大変喜ばれました。

本来は前回貼り替えた色違いのタイルまで取って貼り替える工事は、費用に含まれていませんでしたが、私自身、納得のいかない仕上がりにはしたくなかったのです。

昔の人は「損して得とれ」といったそうですが、ちょっとしたサービスがお客さまの心に響くこともあると思います。

事例⑤ Eマンション　もらいすぎた工事費は、契約後でもきちんと返金

東京都世田谷区（築三二年、平成二〇年に修繕）

このマンションは、工事を請け負い、実際に作業してみると、当初管理組合から提示された見積り数量よりも、廊下床シート貼替の面積が大幅に少なく一五〇万円ほど少な

い費用できることがわかりました。

すでに契約書を交わした後でしたが、私は、「一五〇万円もらいすぎたので返金します」と申し入れました。管理組合の理事長さんは、物珍しいものでもみるような目で私を見て「このご時世に、もらいすぎるからと返金する業者がいるんですね」とあきれておられましたが、私にすれば、このままもらってしまっては、だましたようで後味が悪かったのです。

このときは結局、管理組合が別途計画されていたエントランスの改修を、当社が受注して、その費用に振り替えました。エントランス全体を大理石にするとい

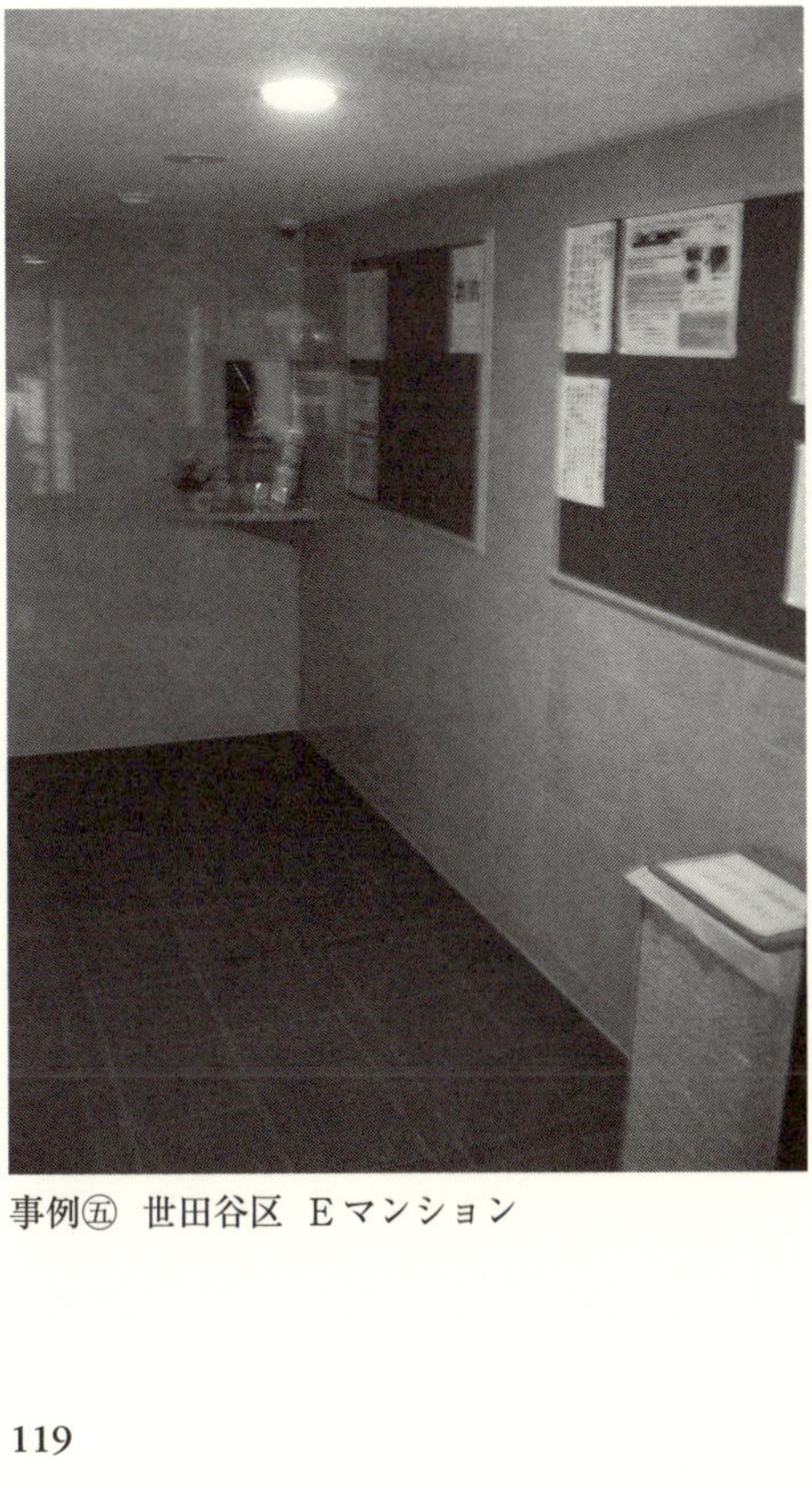
事例㊄　世田谷区　Eマンション

う理事長のアイディアで、エントランスは美しく変身。大変喜んでいただきました。

事例㈥ Fビル
過去の仕事が今につながる不思議な出会い
神奈川県茅ヶ崎市（築二三年、平成二一年に修繕）

Fビルは不思議なご縁が取りもった仕事でした。

あるときビルオーナーから見積り依頼があって、そのビルの外装工事を請け負うことになりました。雑談の折りにオーナーが「私の母はビルをいくつか持っているのですが、昔、外装専科さんのように足場を組まないで工事してもらったことがあるらしいのです。でも、その会社は倒産したと母から聞きました」というのです。

工事も無事終わり約半年ほど経った頃、そのオーナーからまた依頼がありました。今度は自分の建物ではなくお母様が所有し、企業の寮として貸している建物の外装工事をお願いしたいとのこと。お母様は八〇歳を過ぎておられましたが、とてもその年齢には見えず、かくしゃくとされていました。お母様との打ち合わせの中で、以前オーナーから聞いた話をお母様がさらに詳しく話してくださいました。

「一〇年近く前に、やはりお宅のような足場を組まないで工事する会社に老人ホームの外装工事を依頼したことがあります。とてもよい工事をしてもらったのですが、残念ながら倒産してしまったんです」。

「その会社の社名を覚えていらっしゃいますか」

そう私が尋ねると、

「……確か『アズマ』という名前でした」

とおっしゃるのです。

事例㊅　神奈川県茅ヶ崎市　Ｆビル

私はびっくりして、「その会社の社長をしていました」と申し上げると、お母様もびっくりされ話が弾みました。お母様は足場を組んだ工事はむだな費用がかかると感じられ、アズマを覚えていてくださったというのです。こんなことが世の中にあるとは、私も心底うれしい気持ちになりました。

ひとりでも多く方に支持されることは、私にとって無上の喜びであり、外装工事こそ私の天職だという思いを深くしています。

第四章

四十五年以上見続けてきた業界

一、二十四歳で雨漏り修繕で創業

●波乱にとんだ幼少・青年期

ここで少し、私の個人的なことをお話したいと思います。なぜ私がこんなに赤裸々に業界の実情を、しかも業界内の人間である自分に不利になるかもしれない情報を明かしているのかと不審に思われる読者もいらっしゃるでしょう。私の私的な体験——失敗の経験から私が学んだこと、そこから見えてきたものをお話しすることで、今日まで歩んできた道のりのなかで私の大規模修繕に対する考え方が生まれ、私の信念を支えていることをご理解いただけるのではないかと思います。

私は昭和二十年、山口県で三人きょうだいの真んなか、次男としてこの世に生を受けました。上に兄がひとり、下に妹がいます。幼いころの私は気が弱くて引っ込み思案のおとなしい子どもでした。泣き虫だったこともあり、いじめられっ子でした。

父が大きな事業をやっていたので、あの時代にしては裕福だったと思うのですが、それもつかの間、父が四国で鉱山の事業で失敗して倒産してしまったため、小学校に入るころには兄妹揃って、伯母の家に預けられることになりました。幼いながらも、不自由のない生活から一転してどん底へと落ちていったことがわかりました。まだ父母が恋しい年ごろでしたから、両親と別れた生活は大変寂しいものでした。

父はヤスを水中で飛ばして魚を獲る水中鉄砲を日本で初めて開発した人で、経営者としてもなかなかのやり手でした。父が開発した水中鉄砲の製造を父から引き継いでいた伯母の斡旋で、私は、山口県内の中学を卒業するとすぐ、福岡市の釣道具屋の住み込み店員となりました。昭和三十五年のことです。福岡のデパート岩田屋の釣道具売場に派遣されて、仕事はそれなりにおもしろかったのですが、住み込みの待遇が悪く、働き始めた当初は食事は朝と晩の一日二回。しかも住み込みのため早朝に釣りのえさを買いに来る人がいると、シャッターを叩く音でたたき起こされることもしばしばあり、眠たい盛りの少年にはつらい毎日でした。あのときの経験から、後に私は、雇われる側の気持ちに立った経営者にならなければ、と思うようになりました。両親と別れて十年ぶりに母親が福岡の店に訪ねてきてくれました。そのことがきっかけで、東京で一緒に暮らしたいと思うようになり「お店を辞めさせて下さい」と話しても相手にしてもらえず、とうとう朝早く店を出て博多駅から東京へ向かいました。

こうして一九歳のときに上京。そのころ父母は東京に出てやり直していたので、父の仕事の手伝いをすることになり、父が経営する防水工事と雨漏り修理をする会社の見習い職人となりました。ここで私は、現在の仕事につながる工事の基礎を学びました。しかしやせた体つきの私には、五〇キロのセメント袋を担いで階段で屋上にあがる仕事はつらく、一日に数回往復しただけで、もう立ち上がれないほどヘトヘトになりました。このとき、セメントを使った仕事はしたくないと思いました。

また、十数年ぶりに再会した父母との共同生活は、思い描いていたような甘いものではなく、兄や妹のように甘えることができなかった私は、たびたび衝突しました。そうしたこともあって、早くひとり立ちしたいと思うようになり、二十四歳で独立。東京・品川に「伊藤工業所」を創業しました。

伊藤工業所と名乗ったところで社員は私ひとりだけです。雨漏りの修理工事が中心でしたが、建築会社の営繕部門に顔を出してはちょこちょこと仕事をもらい、工事も私が行っていました。

このころは、ロープを使った縄梯子で仕事をしていました。外壁の雨漏りの修理が仕事の八割以上でしたが、クレモナロープという頑丈なロープが開発されていて、そのロープを使ったブランコ足場という吊り足場で作業することにより効率アップしました。吊り足場による外装工事の根幹はこのころにすでにできあがっていたといえるでしょう。

●外壁からの雨漏り防止に着目

独立して、ひとりで雨漏りの修理をしながら「外壁からなぜ雨漏りが起きるのか」という問題について、ずっと考えていました。そしてふと、外壁塗装に使用する塗料を改良することで雨漏りを防止することができるのではないかと思いついたのです。

防水塗料を開発しよう！

外壁からの雨漏りは、ほとんどの場合、外壁に発生する亀裂から雨水が浸入して起こります。しかも、コンクリートに発生する亀裂は防止することがほとんど不可能です。そこで外壁の雨漏りを防止する方法は外壁に亀裂が発生しても亀裂から水が入らないようにすれば解決すると考えました。外壁の亀裂は地震や自動車の振動などで絶えず動いています。亀裂の動きに追従する弾力性が必要なのではないか、と確信しました。

私は開発に没頭しました。毎日仕事が終わった後に、家の押し入れで塗料の素になる樹脂の調合を繰り返しました。もちろん没頭しながらも雨漏り修理の仕事は続けました。そのころ

若き日の著者

から数えれば約二〇〇〇カ所以上の雨漏りの補修工事を手がけてきたことになります。

夜調合し、翌日に塗膜の固さをチェックする。様子を見ながら試行錯誤を繰り返した結果、ウレタンゴム素材のやわらかい二液混合形の防水塗料の開発に成功。これを「ノンクラックコート」と名づけました。

この「ノンクラックコート」は、小さい物件も含めて一五〇棟近くの建物で使用させてもらいました。「ノンクラックコート」の開発により、塗装業への進出も可能になり、昭和五十五年に「アズマ工業株式会社」を設立。防水工事・塗装工事を本格的に開始することになりました。

私が伊藤という姓なのに、「アズマ工業株式会社」という社名は不思議だと思われるでしょう。実は私の長男の名前が「東（あずま）」という名前なのです。私の父の兄、つまり伯父はトーキー映画などでならした映画監督の伊藤大輔なのですが、その尊敬する伯父に名付け親になってもらった思い出深い名前です。

●新聞広告で一気に飛躍

数年が経過し、売り上げは順調に伸びていきました。社員も数人になり、営業部門もできました。売り上げが一億八〇〇〇万円程度になったころ、日本経済新聞に広告を出しました。広告による宣伝で知名度アップを図り、事業拡大を狙ったのです。しかし、数回出稿してみたものの、待てど暮らせど反響はありません。費用もかさむため、広告はもう止めようと思って広告代理店の人に相談すると、「伊藤さん、だまされたと思ってもう一度だけ出しませんか」といわれてしまい、しかたなく「後一回だけ」と思って広告を出しました。

最後と決めて出した広告は、記者が取材して書いた記事タイプのいわゆる「記事広告」というものでした。外装のやり方や長所を説明した記事形式だったので、わかりやすかったのでしょう。掲載された場所も目立つところでした。「これなら会社の概要もよくわかるし、むだではなかった」と思っていたら、なんとこれが大反響で、一カ月で三〇件もの工事の引き合いが殺到しました。

なかには数十のビルを所有するビルオーナーや、有名なホテルチェーンからの依頼もありました。ホテルチェーンの仕事は京都・兵庫・名古屋など全国各地にあり、五年近く外装工事を施工して回りました。累計すると二億円を超えた売り上げになったと記憶します。

この広告が出たことによって、業績は右肩上がりで伸びていきました。一億八〇〇〇万から三億八〇〇〇万、四億五〇〇〇万、七億五〇〇〇万、一二億、一五億と毎年急カーブを描いて伸び続け、平成七年には二四億円近くに達したのです。まさに順風満帆でした。お客様の立場になった見積り提案と誠実な工事施工があったから、次々とリピートして引き立てていただいたのだと思いますが、そのきっかけは新聞広告でした。

今でも新聞広告は出していますが、不況の影響もあるのでしょう、以前のような反響は望めません。けれど長期間広告を出し続けることで外装専科の信用がアップしたのは紛れもない事実です。

●アメリカ大使館、福岡領事館の外装工事を手がける

業績が順調に伸びるなか、平成四年には社名を「株式会社アズマ」と変更しました。「株式会社アズマ」の時代には、実にいろいろな仕事をしました。いずれも思い出深い仕事ですが、なかでも印象的だったのは、東京の駐日アメリカ大使館の外装工事と内部の塗装工事、大阪領事館の内装工事、福岡領事館の外装工事を合衆国から直接元請けとして受注して手がけたことです。

平成八年だったと思いますが、アメリカ大使館の外装工事をしたときの話です。私は記念になると思い、思い切って担当者に「ゴンドラに、『アズマ』という社名を貼りつけてもいいでしょうか？」と聞いてみました。すると担当者は「社名？　うーん。本当はだめだけれど、アズマさんならいいですよ」といってくれたのです。ダメモトと思っていたので、思いがけなくＯＫが出たことに驚き、胸が熱くなったことを覚えています。

そんな昔のことを思い出しながら、本書での建物外部の写真掲載許可を得たいと、再びダメモトで問い合わせてみました。私が恐る恐る名乗ると、当時の担当者がまだいら

して「ああ、アズマなら覚えていますよ」といってくださるではありませんか。もう一三～一四年も前のことであり、まさか覚えていてくださるは思いませんでした。そして、大使館の外部写真を掲載したい旨を伝えると、「事実だからいいですよ」と快諾してくださいました。

もともとアメリカ大使館との取引は先方から職員住宅の塗装工事の見積もり依頼の電話がきたことが発端でした。そのご縁がきっかけで、小さな工事を何回かさせていただき、その実績を買われて、大使館の外装工事を受注したという経緯でした。工事費に関しては合理的で、徹底的にシビアなものでしたが、誠心誠意仕事をさせてもらいました。

ここで改めていう必要もないことですが、取引を開始する前も後も、大使館の工事担当者への接待などしたことは一度もありません。お茶一杯お誘いしたこともありませんし、誘われたこともありませんでした。

それでもこうして何年も経った後でも、私と会社のことを覚えていてくださったことにはほんとうに感激です。

アメリカ大使館

取引当初、私自身や会社の裁判歴の有無などまで調べて本国に送り、指示を待っているという話も聞かされた覚えがあります。工事を任されたという事実は、アメリカ合衆国の審査にパスした結果であり、今も誇りに思っています。

必要な工事を安く、しかもいい仕事をすれば、次の契約につながる。これを「アメリカ人のビジネス感覚」といってしまえばそれまでですが、こうした公平な姿こそが本来仕事をするうえで必要なのではないかと思います。

当時アズマは「本当に必要な工事を適正な価格で」をモットーにしていました。この姿勢は現在の「外装専科」においても変わっていません。

二、出る杭は打たれ、不穏な噂が広まる

●モットーは「お客様の立場に立った工事」

株式会社アズマの経営は順調でした。マンションの大規模修繕の仕事は、基本的には管理組合から直接工事を請け負う元請け業者なので、どんな場合も管理組合の立場で、過剰な工事や不急・不要な工事をカットした適正な金額の見積り提案を行うようにしたので、管理組合からの依頼も増えてきました。

業界の流れに逆らう私の行動は、同業者から「そんなことをいってもいいのですか？圧力はないのですか？」と小声で聞かれたものです。その都度私は「依頼者や管理組合に喜んでもらえるのだからそれでいいでしょう」と胸を張って答えていました。

マンションの改修工事の業界ではそれまで、大規模修繕工事は、自分たちが利益を独占していた、いわば「聖域」だったのに、「本当に必要な工事を適正な価格で」と正論を大声でいう小さな工事屋が進出してきて、業績をどんどん伸ばしたのですからおもし

ろくないに決まっています。昔から「出る杭は打たれる」ということわざがありますが、横並び社会の日本では、目立ったり、人と違うことをしたりすると疎まれるのです。最近こそ「出すぎた杭はむしろ打たれない」という冗談がいえるほど日本も変わってきたようですが、出る杭も出すぎた杭も、この業界ではきっちり打たれるのです。案の定しばらくすると、おそろしい圧力がかかってきました。

平成五年二月、突然「アズマが不渡り手形を出した」という噂が業界に流れました。しかし私は、手形商売はしていません。一枚も切っていない手形が、不渡りになる道理はありません。この噂は、改修工事にかかわる業者があるマンション管理会社に流したことが発端のようでした。顧客であるマンションの管理組合におおむね次のような文書を提示したのです。

平成五年二月十五日に株式会社アズマが手形の不渡りを出したとの情報があり、現在調査中で不確定な現状ですが、万一それが事実だとした場合、再度理事会において業者・金額の選定を行う必要があります。また、臨時総会を開催しての再決定が必要になります。

株式会社○○塗装へ変更した場合

・工事費　　　二一五七万七五〇〇円（消費税込み）

・積立金残高　一三八八万九〇〇〇円

・差し引き　　▲七六八万八五〇〇円

不足金額として七六九万円弱となります。

これを支払う手段としては、

㊀　各戸よりの一時負担金を徴収する

㊁　銀行より管理組合名での借入を行う

という二つの方法が考えられます。

㊀については戸当り金額として約二二万円が必要となります。

㊁については七五〇万円を借入したとして、現在の積立金月額から返済可能額として二四万円を返済したとしても三十六回の返済となります。

返済総額として約八六〇万円が必要と思われます。

なぜ私がこのことを知ったかといえば、ある理事さんから私の会社あてにこの文書が送付されて「手形の不渡りは本当のことですか？」と問い合わせがあったからです。私はびっくり仰天してしまいました。当社としても、こんな嘘を流されたのでは黙っていられません。早速、管理会社に厳重抗議したところ、当社に来社して詫びるとともに、後日その管理会社からお詫び状が届きました。

さて、去る二月二十一日の○○管理組合理事会において、大規模修繕工事に関し当社にもたらされた貴社に関する情報を未確認のまま組合に提出し、貴社にご迷惑をおかけしたことを深くお詫び申し上げます。今後、このようなことがないよう従業員に指導徹底を図ります

結局このマンションの場合は、管理組合の理事長がしっかりと当社の説明を理解してくださり、当初の予定通り大規模修繕工事を請け負うことができました。しかし、この一件以降、この管理会社が管理しているマンション管理組合からの工事受注はピタリと

途絶えて会社が破産するまで一件も取れなかったと記憶しています。さらに、このデマの余波は軽いものではなかったのです。多くの塗装会社だけでなく、業界全般に噂が広がり、帝国データバンクからも数回の問い合わせを受けて、業界新聞にも載ってしまいました。

少し調査すればわかることなのですが、誰もしっかりとした調査をしてくれませんでした。見積りに参加できなくなったり、決定間近だった物件を他社にとられるなど、甚大な被害を受けました。

●続くアズマ・バッシング

ほとぼりが冷めたと思った平成七年、今度はあるマンションの理事長から突然「鉄部塗装見積りについて総会検討結果のご連絡」という書面が送られてきました。それはほぼ次のような内容でした。

大変残念な結果となりましたが、当管理組合委託会社であるA社に決定致しました。以下、その事由を申し上げます。尚、この説明については、甚だ不公平なことに当管理組合が望まないのにA社の技術部の方が来られて説明をいただいたものです。

一、△△の外装塗装工事の時、外壁の色斑が発生するも再塗装いただけず、A社関連の業者が安く再塗装を実施した。

二、この価格は、実際には二度塗りの工法での単価・金額である旨の指摘。

本来であれば、株式会社アズマ様にもご同席いただき決議すべき事項でありましたが、何分にも初めての経験であり、当管理組合の理事長・理事の不手際でこのような結果となりました。もし事実と異なる説明等々ございましたら、大変恐縮ですが、書面にてご指摘いただければ幸いです。

つまり、アズマではなく、A社に仕事を落とすために、A社の技術部が管理組合に働きかけたのです。

これを受けて、当社の営業担当者は即座にマンションの管理組合に書面で返信しました。こうなってしまってはもはや受注は無理ですが、自分たちの潔白だけは証明しておきたいと考えたからです。

一、A社関連の業者が安く再塗装を実施した件

当社内部にて確認しました結果、改修工事施工後、外壁に色斑が発生しましたことは確認致しました。しかしながら、アフターサービス専門の当社関連会社「アズマサービス株式会社」が手直し工事を行い、完了しております。よって、当社が再塗装を行わなかったとの説明は事実とは異なります。

二、塗装単価・金額の件

アズマの見積りは三回塗りとなっているが、実際は二回塗りしかしていないという、当社に不利な説明を行った件

このことは、お見積金額後半の「施工手順書」にございますように、中塗と仕

上げ塗を色違いで塗装することや、相応の保証期間をご提示致しましたことからもご理解いただけることと思います。

このA社は、よほど私の会社が気に入らなかったのでしょう。平成八年にも、同じようなデマをマンション管理組合理事会や理事長に流し続けました。しかも、今度は技術部ではなく、複数の営業マンが同じようなデマを流したのです。これはもう会社ぐるみの「アズマ潰し」にほかなりません。

心配した管理組合の役員さんから連絡をいただき、詳しい事情を聞くにつけ、あまりに卑劣なやり口に絶句するばかりでした。悔しさで胸がいっぱいになりました。これまでは私が表に出ることは控えてきましたが、さすがにもう我慢できなくなり、同社の社長に書面で抗議をしました。

私としては告訴も辞さない覚悟でしたが、同社の幹部が数人謝りにきました。いろいろ話し合った結果、今回のお詫びとして仕事を回すということになったのです。手形不渡り説の影響で受注が落ちていた当社としては承諾し、数カ所を下請けとして六〇〇〇万円前後の工事を施工しました。しかし、内心は穏やかな気持ちではありませんでした。

●根も葉もない中傷にさらされて

知り合いの雑誌記者が、管理組合の団体に取材した折に、さりげなく先方にアズマの評価を聞いてみると、次のようにいわれたというのです。

「ああ、アズマさんですね。私たちは要注意の会社だと聞いていますよ。経営的にあまりうまくいっていないとか、いい噂を聞かないですね。見積りが極端に安く、どうも自転車操業のようです。安心して任せられる会社という評価には遠い存在のようです」

私はびっくりしました。

管理組合の集合体である組織の上層部の人が特定の会社を中傷することなど、通常では考えられません。しかも、この内容のうち正しい部分は「見積りが安い」という部分だけです。確かに苦しい時期もありましたが、手形など一枚も発行していませんでした。

平成十年一月、当社が工事を請け負ったビルのオーナーが、工事に不安を感じて、某区役所の「区民センター街づくり公社」を訊ねたそうです。そこから苦情相談所を看板にした改修工事専門のコンサルタントに話が回り、そこの女性事務局長がこんなことをいったというのです。

「アズマは、ずさんな工事でトラブル発生件数が最も多く、問題の多い会社ですね」

これを聞いたときには、私もあきれました。当社がもし、そんなずさんな工事をしていたら、年中、裁判沙汰になっているはずです。当然、経営は成り立たないでしょう。私はすぐコンサルタントに電話をして確認しました。しかし電話口の担当者は白々しく「そうした情報は一件もありませんし、そのような内容の話をしたことはありません」というのです。

私は怒り心頭に発しました。しかし、冷静になってみれば、こんなことをする理由は簡単です。癒着している業者に仕事を回し、利益を得るためなのです。自分たちの既得権益をおびやかす会社を排除しようとしたのです。中立的な立場であると信じていた苦情相談所……。表向きは良心的なコンサルタントを装い、その実体は「特定業者の窓口』。こんなことが現実にまかり通っていることがよくわかりました。

最近、あるマンションの管理組合の理事長と話をする機会があったので、私がこのときの話をしたところ、理事長は「ああ、その団体なら知っています。これまでいくつかの団体に相談しましたが、そのひとつにその組織がありました。それほど役立つ情報はくれなかったうえ『これ以上の相談や情報が必要ならば、入会していただかなければなりません』といわれました」とおっしゃっていました。

●競争激化と経営者としての未熟さ

根拠のない中傷やひどい嫌がらせに遭いながらも、私は負けませんでした。少しずつですが会社規模を拡大させるため、努力を積み重ね、おかげさまで、その後の経営も無難に推移していました。

業績が拡大すると、経営者というものは夢をみるようになるといいますが、私もこのまま右肩上がりの拡大が既定路線ではないかと考えるようになりました。

そこで、手狭になった会社を広いスペースに移転し、大卒社員を採用しました。それまで五〇万円だった家賃が二〇〇万円を超えたので、家賃だけで年間一八〇〇万円の負担増です。それでも夢に向かってまっしぐらという状況でした。このような経営者としての未熟さが、後の破産の一歩だったのです。

ところが、そのまま基本コストが高くなったあとは、厳しい環境が待っているものです。新規参入業者も増え、厳しい経済状況のなかで同業者とのサービス競争、価格競争が激化するようになりました。これらは急拡大してみて初めてわかったことでした。

根拠のない中傷やデマも相変わらず飛びかっていました。工事費が高いと感じつつも管理会社が提示する見積もりを優先してしまう管理組合。中傷やデマを信じて見積もりにさえ参加させてもらえないケース。その痛みはボディブローのようにジワジワと効いてきました。

当社は広告で伸びてきた。その成功体験で盛り返し、ここを一気に切り抜けよう。

私は過去の成功体験を思い出し、打開策として広告戦略に打って出ることにしました。「成功体験に頼ると失敗する」とは後で聞きましたが、当時は藁にもすがる必死な気持ちだったのです。

ちょうど、建物を多く所有しており当社のお得意様で、広告代理店も経営していた社長から、テレビの広告話が持ちこまれました。何とかして会社を立て直したいという焦燥感もあり、費用の高いテレビCMの話に思い切って乗ることにしました。一年にわたってかなりの広告費を使いましたが、これというほど、よい反応はありませんでした。少なくとも業績に跳ね返ってくるような効果はなく、今から思えばこのテレビCMの費用が会社の寿命を縮めたことは間違いありません。

当社のような業態の場合、テレビで宣伝しつつ、飛び込み営業をかければ業績に跳ね返ってきたのかもしれませんが、その時の未熟な私には知る由もありませんでした。ただ、テレビで広告を打つだけで、売り上げに結びつくような甘い世界ではなかったのです。今となってはお恥ずかしい限りです。

顧問税理士から外注費をカットすればよいのではないか、というアドバイスをいただきましたが、私自身職人上がりのため、外注費のカットはできませんでした。今考えると一〇億円近くを払っていましたので、八パーセントカットするだけで年間八〇〇〇万円ぐらい収益が改善できたのです。当社は外注職人の待遇がよかったので、きっとほとんどの方が受け入れてくれたはずです。しかし、そうしなかった結果、大幅な赤字に転落。しっかり経営していたつもりが、財務的に未熟すぎたのです。

業績が悪化して気づいたことは、銀行の態度がコロッと一変することです。ちょうど平成十年でしたから、金融機関の貸し渋りの始まりにもぶつかっていました。それまでは「借りてください」の一辺倒だった銀行員の態度が急変し、返済に見合うほど借り入れができず、資金が逼迫し、急激な売上増に工事管理も行き届かず、多額の未収金も溜まってしまっていました。

●絶頂期から三年で、まさかの倒産

借入れができなくなり、資金繰りが急速に悪化していくなか、大手の建築関連の会社との合併話などもありましたが、条件が合わず、実を結びませんでした。「倒産」という悪夢のような二文字が脳裏に浮かんでは消えました。私には社長としての責任があります。何とか盛り返そうとがんばっていましたが、一段と厳しくなる資金繰りに、とうとう夜もぐっすり眠れなくなりました。

メインバンクに融資を頼んでも受け容れられず、やっと受けたと思えば、銀行が閉まる午後三時直前で、支払いを待っている人にも当日は支払いができなくて謝る日々が続き、私は決断するしかありませんでした。なるべく迷惑をかける人が少なくおさまるように考えた結果、自己破産するしかなかったのです。

倒産にもいろいろありますが、私が選んだのは自己破産です。意地悪な時間切れ融資を重ねるメインバンクには何も相談せず、決断した自己破産でした。

悪いことは重なるもので、自己破産まであと十日という切羽詰ったときに病気になりました。息子の車に乗って病院に行ったら尿道結石と診断されました。痛みが始まると、体をどう動かしても激痛に襲われ、血尿も出る始末。ストレスが大きな原因といわれました。

会社は潰れるし体調も最悪。私の人生はここで終わりなのか……。そんな弱音を吐いてしまいました。当時の私にとって、この言葉は大げさでも何でもない、まさに心の底から湧き出たものでした。苦労してここまで築き上げてきた会社が、あっという間にズルズルと沼地に入り、跡形もなく消えてしまった。私の前に、越えることのできない巨大な壁が突如、立ちはだかったようでした。

銀行の貸し渋りや競合他社の中傷など外部の悪条件はあったにせよ、企業を守る最終責任は経営者にあります。自分では驕っているつもりは少しもありませんでしたが、油断というか、やはり考え方に甘えがあったのです。いずれにせよ、当時の私は経営者としてあまりに未熟でした。

平成十年、株式会社アズマは倒産しました。

しかし、私は自己破産こそしましたが、ひとつだけ最後まで守ったことがあります。それは一枚の手形も出さなかったことです。

会社の資金繰りが悪くなるなか、何度も手形の発行を考えました。ですが、以前不渡り説を流されて悔しい思いをしたことが頭をよぎり、思い止まりました。最後の数カ月はさすがの私も「倒産するかもしれない」と思うようになっていたので、そう思いながら手形を切ることは、人をだますことになると思って、発行しませんでした。私にとってのささやかな意地、小さなプライドでした。

実は今だから話しますが、破産の一週間前にこんなことがありました。当社の専務から契約に基づき、あるマンションの工事着手金、数百万を振り込むとの連絡があったのです。でも、もうすぐ倒産するのに、このまま振り込みを受けてはいけないと思い、振込銀行を変更するからと振り込みを待ってもらいました。私の会社に工事を決めていただいた管理組合の理事長に迷惑をかけたくなかったからです。

この振込みを受けていたら、また手形を切っていたなら、もしかしたら延命できたかもしれませんが、社長としての当時の私のレベルでは一度生きのびても、また必ず倒産したと思います。絶頂期からわずか三年でおとずれた倒産でした。

三、起死回生。「外装専科」として再スタート

●妻の叔母からの送金

会社の経営が厳しくなったころから、私は四カ月近く給料をとっていませんでした。最後に生命保険も解約し、八〇万円ほどの解約返戻金がありましたので、半分の四〇万円は、専務ということで会社が自己破産して私同様法的な救済は何もなかった専務に退職金として渡しました。

自己破産して免責を受けることになりましたが、免責を受けるためには、「資産」と見なされるものを処分しなければなりません。自宅マンションをも破産管財人に渡り、文字通りの裸一貫になりました。

生命保険を解約した残りの四〇万円。会社の破産時、私の手元に残ったのはこれだけでした。このときも、それ以前も親戚・知人からは一銭の借金もしたことはありませんでした。ところが、私の倒産を知った山口県の妻の叔母が、ポンと二〇〇万円を送金し

て下さいました。自己破産していた身に、このお金がどれほど有難かったことか、筆舌には尽くせません。

このお金を元手に、私はまたひとりで再スタートを切りました。

今振り返ればのことですが、私はあのとき、会社を潰したからこそ、今の私があると思っています。本当にどん底まで落ちました。でも、迷惑は最小限にとどめることができましたし、人の情けの知りました。あのつらい体験があったからこそ、再スタートを切るエネルギーが湧いてきたと思うのです。

●タイル洗浄からの再スタート

徒手空拳の再スタートは、社名を伊藤工業所としました。二十四歳で独立したときと同じです。あのころに返って、ひとりで飛び込み営業をし、雨漏り修理やタイル洗浄の仕事をビルのオーナー等からぽつぽつといただけるようになりました。

初心に戻って一から出直そうという決意でしたし、そのまま地道に仕事をこなしていけばよかったかもしれませんが、とにかく早く立ち直りたい一心で、雨漏り修理の仕事のかたわら、リフォーム用の軽いサイディングを研究開発しました。

サイディングとは外壁に使う外装材のことで、壁の模様づけと水の浸入を防止する板状の外装材です。やがて研究開発に成功して特許をとりましたが、結局このサイディングの仕事は練馬区の一棟しか施工しませんでした。次々と大手が新製品を出してきたため深入りせず、早めに手を引いたのです。

とにかく食べていかなければなりません。都内を車で流しながら、タイル貼りの建物を探し、換気口まわりのタイルが汚れている建物を見つけるとすぐに飛び込んで、洗浄の交渉をしました。価格が折り合って実施が決まればその場でブランコ足場用のロープを屋上から垂らし、タイル汚れをきれいにして代金をもらうという生活が続きました。料金は五万円から二〇万円ぐらいと、多くはありませんでしたが、とにかく必死で働きました。

次男の岳《たかし》は、私とともにタイル補修工事などの業務を手伝ってくれ、現在でも外装専科で一緒にがんばっています。妻の待子も私同様個人破産を強いられましたが、すぐに近くの自衛隊駐屯地の食堂で働き、どん底時代を支えてくれました。長男の東《あずま》は一時期同じ仕事をしていましたが、今は大手印刷会社のサラリーマンです。苦しい時代家計にお金を入れてくれ、助かりました。一人娘の幸子も、今は外装専科で私を手助けしてくれています。私自身これから家族のためにもがんばっていきたいと思います。

そうこうするうち、たまたま以前アズマで働いていた営業マンと連絡をとり合う機会があり、私の仕事を手伝ってくれることになりました。彼が最初にとってきてくれた仕事は、千葉県四街道市の駅前にあるビルの外装工事でした。

二〇〇〜三〇〇万円の工事だったと記憶しています。そのビルの仕事が契機となって、紹介を受けて四街道市内の仕事を立て続けに何カ所も受注することができました。

●再び会社設立

四街道の工事を皮切りに、仕事はようやく軌道に乗り始めましたが、前の倒産で懲りているので、一歩一歩、しっかり足元を確認しながら、とにかく着実な経営を心がけ、私は四つの指針を立てました。

㈠ 工事完了後に工事費がすぐにいただける個人の住宅や、小さなビルをターゲットにする

㈡ お客様に喜んで工事代金を支払っていただけるような良心的な工事をする

㈢ 自分の建物を工事するような気持ちで、むだな工事を除外して適正な見積り提案をする

㈣ 工事の保証書を発行して、お客さまに安心していただく

つまり、ひと言で表現すれば、「この会社に任せてよかった、といってもらえる工事」をすることです。

仕事を手伝ってくれる人も少しずつ増えて、平成十五年五月に千葉市で「有限会社外

装専科（資本金四〇〇万円）」を設立しました。ここからが、本当の再スタートとなりました。

「外装専科」という社名にしたのは単純な理由です。そのころ使っていたシーリング材（コーキング材ともいう）に「外壁専科」という変わったネーミングのものがありました。以前から「おもしろい商品名だな」と思っていたことが頭にあって、そこからヒントを得たのです。インパクトが強く、専門性も強調できるので、われながらよい会社名だと思っています。

平成十七年六月には本社を東京都北区に移転するとともに、株式会社外装専科（資本金一〇〇〇万円）に改組。平成十九年四月には本社を現在の東京都文京区本駒込に移転。平成二〇年四月に、資本金を三〇〇〇万円に増資し、現在にいたっています。

平成十年の再出発から現在までの一二年間に、小さな工事が中心ですが約三五〇件の工事を行いました。そのうち下請工事だったのは約三〇件で、元請け率は約九〇％にのぼります。

私は「よりよい工事をより安く」という自身のモットーを、ビルやマンションのオーナー、マンションの管理組合、企業担当者の方々に理解していただけたおかげだと思っています。

●心に刻まれた万博・イタリア館特殊補修工事

株式会社外装専科となってからも、仕事のメインはビルやマンションの外装工事、個人住宅の塗装工事や防水修理でした。いずれもやりがいのある仕事ですが、平成十七年にちょっと変わった仕事が舞い込みました。

この年は「愛・地球博（愛知万博）」が開催された年です。その開幕まであと一〇日というころ、知り合いの設計士さんから、突然電話がかかってきました。

「伊藤さん、困ったことが起きてしまいました。イタリア館の球形ドームの補修が必要になったのです。何とかしてもらえないでしょうか」

彼はイタリア館の工事監理を担当していたのです。

私はすぐに名古屋に向かいました。

万博のイタリア館

万博会場のイタリア館は、建物の中に、球形のドームがしつらえてありました。ドームの高さは約六〜七メートルです。

よくみると球形の表面部分にかなり目立つ段差があって、きれいな球形になっていません。一応工事は終了したのですが、間際になってイタリア政府の万博担当官からNGが出たということでした。

万博といえば、国家を代表する国際的なイベントです。しかも、イタリアは「デザインの国」として世界的に名高いですから、担当者としては、とてもこんな仕事は許せなかったのでしょう。

私は何とかしたいと考えこみました。しかし、ドームは球状ですから、上にあがることができません。下はガラス張りになっているので足場を組むこともできません。長いはしごをかけようにも、球状なので不安定です。私にあるのは、ロープを使った吊り足場での長年の経験とノウハウです。それを活かせないかと思案の末、建物の内部の鉄骨にロープを張り、ドームのそばを通して反対側の鉄骨にロープを結び、ロープウェイのようにしてそのロープにスライダー（はしご）の一番上に通しました。ドームまでスライダーを誘導しながら球体の補修部分に着くと、ロープとスライダーを結んで固定し、作業することを思いつきました。

こうすれば、スライダーがグラグラしても、倒れません。ロープウェイの途中で作業したと思っていただければいいでしょう。この方法に似た作業で以前施工した千葉県四街道市の経験が役立ちました。

肉やせしないような素材で段差を埋め、きれいに塗装し直して、無事に完了しました。イタリア企業から、後日、工事費がユーロで振り込まれてきました。小額の工事ではありましたが、万博という国際的なイベントで私の四〇年の経験が活かされたことを、とてもうれしく思っています。

●褒められる仕事をし続ける

初めて独立したときの伊藤工業所、その後、設立したアズマ工業株式会社、倒産の憂き目に遭った株式会社アズマ、そして現在の外装専科にいたるまで、私自身を支えていたもの。それはひとつの思いでした。

人から褒められる仕事がしたい。これが私を支え続けた気持ちです。

中学二年生のときだったと思いますが、担任の教師からこういわれたことがありました。

「伊藤は他の学科は全然できないのに、なぜ社会科テストでいい点数を取るのか」とみんなの前でいわれました。私は記憶力が悪く、勉強を含めて褒められ記憶がありません。

記憶力に自信はありませんでしたが、社会科だけは先生の話がおもしろかったからか、ノートに書かなくても、よく頭に入ったものでした。

劣等感の強い人間は、人から褒められると本当にうれしく思うものです。「天にも昇る」という表現がありますが、まさにそうした気持ちになるのです。ふだんそうではないからでしょうか。ちょっとした褒め言葉がこの年になっても鮮明に記憶に残っているのです。このときから、私は「褒められる」ことに執着しているのかもしれません。おとなになって、仕事をするようになってから、この思いはますます強くなりました。

私が考える「褒められる仕事」というのは、適正な工事を提案し、「この値段でよくここまでやってくれた」とお客様から思っていただける仕事です。

赤字を出してまではできませんが、「この会社に頼んでよかった」と思っていただけるようにできる限りのサービスをする。それがすべてだと思っています。

「このビルは当社が工事を行いました」と、自信を持って断言でき、しかも工事を考えているマンションの管理組合の方に自信を持って案内できるような仕事こそ、当社が目指すところであり、常に心がけていることです。これからも積立金を有効に使えるような提案をして、修繕積立金の少ない管理組合様に喜んでいただける大規模修繕工事を施工することが私に与えられた天職と思うようになり、生きがいだと思っています。

第五章

教えます！　マンション大規模修繕成功のポイント

一、プロのアドバイスの真意を探ろう

●長期修繕計画の必要性を検討する

第一章から四章まで、業界で行われてきた大規模修繕の内容や、具体的事例、業界の裏事情などについて、詳細にご紹介してきました。この章では、業界の事情を理解していただいた方々に、マンション修繕の成功ポイントについて、ご紹介していきたいと思います。実情を知ったからこそ、ポイントをつかみ、実際に失敗しないでいただきたいと切に思います。

さて、マンションには長期修繕計画の作成が必要とされ、国土交通省からガイドラインが出ています。マンションの快適な居住環境を確保し、資産価値の維持・向上を図るために、建物の経年劣化に対応した適時適切な修繕工事を行うことが重要であり、そのために、適切な長期修繕計画を作成し、それに基づいた修繕積立金の額の設定を行うことが不可欠である、ということです。

通常、長期修繕計画は、管理会社の業務として業務委託契約書に明記されています。管理会社に依頼すると、無料で作成してくれることも多いと思います。

修繕のための資金は、毎月、修繕積立金という名目でマンション各戸の所有者の口座から引き落とされるようになっています。最近では、入居時に、「修繕積立基金」という名目の一時金が徴収されていることもあるようです。

ところで、マンションの分譲とほぼ同時に作成される長期修繕計画は、マンションの個々の事情に合わせてつくられているわけではありません。ほとんど画一的に作成されていますし、大規模修繕工事に要する費用の細かい数字が書かれているわけでもありません。そこで大規模修繕工事を行うためには、どこをどう修繕するかといった具体的な見積りが必要です。

管理会社に大規模修繕の見積りを依頼すると、最初に出てくる数字は修繕積立金の総額に近い数字が出てくると思います。これは積立金額を管理会社が把握しているためです。悪意があるなしに関係なく、積立金をフルに活用しようとするわけです。

ここが、適正な価格で大規模修繕工事ができるかどうかのポイントになります。

管理会社が提出した見積りをそのまま鵜呑みにしてしまえば、予算をいっぱいまで使って、過剰な工事、不要不急な工事まで行われることになり、せっかくの積立金が泡のように消えてしまいます。所有者が毎月積み立てた大切なお金が、元請け、下請け、孫請け、ひ孫請けという業界の重層構造の中で分配されていくのです。

一般に、大規模修繕をする時期は最初の建築後、または前回の工事後、八〜一二年程度です。

しかし、本来は、修繕の積立金額、建物の傷み具合、外観の美観などを考慮して決めるべきです。予算が少なかったり、不足したりしているのに、むりをして修繕計画書通りに大規模修繕を実施する必要はまったくありません。ここをよく覚えておいてください。

大切なのは、防水や外壁工事に詳しい技術者が適切な建物診断を行うことです。その診断に基づき、優先順位にしたがって、適切かつ必要な修繕工事を選択することです。

●誰が大規模修繕のプロか考えましょう

こんなことは当然のことなのですが、それがなされてこなかったのです。考えれば当たり前のことでも、長い間の習慣を変えるのは案外難しいのです。

管理組合の役員さんにしても、大規模修繕についてよく知っている人はほとんどいないでしょう。専門家ではないのですから、どういう工事が必要で、どういう工事は後回しにしてよいのかという判断がつかないのは当たり前です。工事を発注するにしても、どの業者に依頼すればいいのかわかるはずもありません。まして、信頼できる業者がどこにいるのか、どのように探せばよいのかとなると、まったく見当もつかないというのが実情でしょう。

ここはやはりプロの活用です。適切な建物診断と診断に基づいた適切な工事を提案してくれるプロに任せることが大切です。大規模修繕について書かれた本にも、「積立金を有効に使うために、大規模修繕では専門的な知識や経験を持つプロにコンサルティングを依頼することです」と書いてあります。

しかし、ここでひとつの問題が出てきます。誰が大規模修繕のプロなのか？　誰なら安心してコンサルティングを頼めるのか？

管理組合の役員さんの脳裏には、「建築のプロといえば設計士」という考えが真っ先に浮かぶでしょう。設計士なら、その道のプロなのだから、きちんとコンサルティングしてくれるに違いない、と。

管理会社に相談しても、おそらく回答は次のようなものに集約されると思います。「設計士にコンサルティングを依頼するとよいでしょう。専門家の立場から、きっとよいアドバイスをもらえるはずです。うちが信頼できる設計士をご紹介しましょう」。

その言葉を真に受けて、管理会社が紹介する設計士とコンサルタント契約してしまう管理組合も少なくありません。もちろんその設計士が本当にその道のプロであり、誠実な人柄であれば問題はありませんが、そうとは限りません。なかには、管理会社とつながっているケースもあるのです。

次に、その理由をお話ししたいと思います。

●改修工事の設計士が「信頼できる大規模修繕のプロ」とは限らない

ひと口に大規模修繕のプロ、大規模修繕のコンサルタントといいますが、そのレベルはいろいろです。確かに管理会社やゼネコンと深い関係にある〝プロ〟もいますが、修繕には経験のない設計事務所がコンサルタントの領域に入り込んでいるケースもあります。マンションの新築時には、耐震性をはじめとする複雑な構造計算も必要ですが、大規模修繕では、ビルやマンションなどを建築するときのような緻密な強度計算やデザイン性は求められていません。大規模修繕では、でき上がった建物の外壁を太陽の強烈な紫外線などによる劣化から防ぐこと、あるいは雨漏りを防止すること、美観維持をすることなどが大きな目的です。設計の世界と防水・外壁塗装の世界とは分野がまったく違います。新築時と違い、大規模修繕では設計士が活躍する部分は少ないのです。もちろん、一般の人より知識があることは確かですが、修繕に関して専門的な知識を持っている人はそう多くはありません。これまで修繕を目的に設計することが少なかったため、知識が増えていかなかったという理由もあると思います。

ところが、大きな工事になればなるほど、管理会社は改修専門の設計士をコンサルタントに入れようとします。そうすることで、公平な業者選定をしていると装っているともいえます。

管理会社には当然、提携しているコンサルタントや子会社の施工業者を使うことが有利に働きます。

●改修工事のコンサルタントとの攻防

設計士がコンサルタントとして入った大規模修繕で、私はいろいろと苦い経験してきました。その貴重な経験のひとつを紹介しましょう。

あるマンション大規模模工事のプレゼンテーションの段階において、施工業者を一社ずつ集めたなかで、コンサルタントが私に質問したことがあります。そのときのコンサルタントと私の問答は次のようなものでした。

コンサルタント　材料など可燃物をいろいろ置くと思いますが、そうした材料をどう保管しますか？

私　屋上に置きます。

コンサルタント　消防法で決められた倉庫はつくらないのですか？

私　つくる予定はありません。

コンサルタント　消防法で決められているのではないですか？

私　そうおっしゃいますが、あなたの会社がコンサルタントした工事で、過去に倉庫をつくった例はありますか？　あればマンション名を教えてください。

コンサルタント　（一瞬沈黙の後小さな声で）ありません。

それまで得意げにしていたコンサルタントは、一転して困ったような表情を浮かべました。私はさらに質問しました。

私　自分のところでもつくらない倉庫のことをなぜ私に質問するのですか？

コンサルタント　……。

コンサルタントは、他の見積業者には同じ質問はしていないでしょう。なぜ私だけにこんな質問をしたのでしょうか。このコンサルタントは別の時間帯に質問する業者には同じ質問はしないはずです。消防法も守らない会社と印象づけたかったと思います。このように息のかかった見積業者に工事を決めるためにはさまざまな手法を使ってくるのです。この案件は、最終的に管理組合の判断で私の会社が受注しました。

●意味のないメーカーの連名保証を求める

もうひとつ、事例を紹介します。

大規模修繕にコンサルタントとして入った設計士が、ある日私に「塗料メーカーとの連名で保証できますか」と質問してきました。私の会社のことを調べて、単独の保証書しか出していないことを知って、こういってきたのでしょう。私はこのような質問には辟易しているのですが、気をとり直して正直に答えようと思い、私は「連名保証はとれますが、当社では当社の単独保証でやっています」と答えました。

するとコンサルタントは、「では、御社は大手の塗料会社との連名の保証書ではないのですね？」と畳みかけてきます。

このやりとりを読んで、みなさんはどんな印象を持たれたでしょうか。「塗料メーカーとの連名保証はないのか。連名保証がない会社に頼むのは不安だな」と思われたのではないでしょうか。

しかし、はっきりと申し上げましょう。塗料メーカーとの連名保証は、実際にはまったく意味はありません。塗料メーカーと連名の保証でも、工事の保証責任を負うのは、実際に塗装や防水工事を行った会社だからです。一般的な工事に使われる大手メーカーが製造する塗料に、製品上の問題が起こることはほとんど考えられません。粗悪な塗料であれば過去の工事で問題が発生して、淘汰されているはずです。

塗装工事に問題が起こったとして、塗料メーカーがその保障をする局面はほとんど考えられないのです。それなのに「連名でなければ不安だ」と思わせようとしている。そんなことよりも、工事を受注する可能性のある会社はどんな工事を施工する会社かをよく調査しておくことのほうがよほど重要です。

具体的には、

一、今までどんな建物を工事して来たか
二、しっかりとした技術を持っているか
三、どのような工事保証書を発行しているか
四、会社の財務内容は大丈夫か

などの項目をチェックしたらよいでしょう。

私はこれまで四〇年以上大規模修繕工事に携わっていますが、改修工事のコンサルタントが入った大規模修繕の業者選定で受注した工事はわずか二〜三件しかありません。私には、改修工事のコンサルタントは自分と懇意にしている特定の施工業者と連携しているとしか思えないのです。

大規模修繕の監視を受託したコンサルタントは、管理組合から一定料率のコンサルティング料を受け取ります。また、コンサルタントが推薦し施工を請け負った業者からリベートを受けることもあるかもしれません。

これが大規模修繕の裏側で行われている取引です。もちろん大多数の管理会社やコンサルタントは公正に施工業者を選定していると思います。が、こうした思惑が一部に動いていることも事実です。

●ＮＰＯ法人が紹介する改修工事のコンサルタント

大規模修繕のコンサルタントになる設計士は、管理会社の紹介だけではありません。大規模修繕に関わるＮＰＯ法人が紹介するケースもあります。

次の話は、あるマンションでの出来事です。

「強引で、総会から何からすべてをとり仕切ろうとする管理会社だったので、その管理会社を押さえるために、ＮＰＯ法人から紹介されたマンション管理士をコンサルタントとして入れました」と管理組合の女性理事長が私に説明してくれました。

相談した役所から、ＮＰＯ法人を紹介され、そのＮＰＯ法人から紹介されたコンサルタントと契約を結んだというのです。その後、大規模修繕工事の見積り提出業者が三社決まり、当社も見積りを提出しました。その結果金額が一番安かった当社が、工事を請け負う方向で話が進みました。

管理組合の総会で、管理会社は大規模修繕の時期を延ばすという提案をしました。住民の間で意見が分かれましたが、結局、次の総会の検討事項として工事自体を先延ばしにするということで散会となりました。

その数カ月後のこと。私は役員会に呼ばれました。小さなマンションなので、管理組合側の出席者は女性の理事長ただひとりでした。議事が進行する途中で、マンション管理士のコンサルタントが、管理会社の強引な議事進行に対して、「お宅は管理組合からマンションの管理を委託されています。理事長の意に反する議事進行を続けると管理組合は管理委託を解約することもできるのですよ」とけん制しました。管理会社は途端におとなしくなりました。と、ここまではよかったのですが、問題はその後です。管理会社が帰った後、コンサルタントは当社が提案した防水工事見積りの内容に口を挟んできました。

やはり大規模修繕が目的なのだ、と私は気を引き締め、「失礼ですが、こうした防水工事に何年くらい携わっていらっしゃいますか」と聞いてみました。コンサルタントは

「二年ぐらいは経験がある」といいます。わずか二年の経験で防水工事のことがわかるというのでしょうか。仕事も知らないコンサルタントが、何かと工事に対して口を挟むことが予想されたし、当社の上に立って、何かといやがらせがあると思い、私は不安になりました。NPO法人の肩書が効いているせいか、女性の理事長は信用しています。私は熟慮の結果、このマンションの大規模修繕工事から手を引くことにしました。

でも私は、女性理事長にひと言だけ忠告をしました。

「いずれこのコンサルタントは『大規模修繕の見積りをやり直したほうがいい。もっといい業者を紹介します』と必ずいってきますよ」

それから数カ月後、突然、女性理事長から興奮ぎみに電話がかかってきました。

「伊藤さんのおっしゃった通りでした。まさしく、あのコンサルタントは、自分のところで大規模修繕を仕切りたがるようになりました。それで、あのコンサルタントとの契約は解消しました。今さら申し訳ないのですが、修繕工事は御社にお願いしたいのです。無理を承知でお願いしているのですが、何とかやっていただけませんか」

私は自分の予想がズバリ当たっていたので、驚くとともに、「やはりそうだったのか」

と、業界の裏事情を再確認しました。

工事の知識が少ないコンサルタントが、私の会社の上に立ち工事監理をしないのであれば、話は違ってきます。再び管理組合と話し合いの席を持ち、当社で大規模修繕工事をさせていただきました。

紹介したＮＰＯ法人とその設計士がどういう関係かまでは、私にもわかりません。しかし、どこかで金銭の授受が行われている可能性もあるでしょう。ＮＰＯ法人は利益を追求してはいけないという建前になっていますが、昨今はＮＰＯ法人といえども、さまざまな問題が噴出しています。このような問題があることは、ニュースなどでも報道されていますし、ＮＰＯ法人の責任者は別の営利会社を経営し、そこに紹介報酬が入ってくる仕掛けになっているという例もあるのは、読者のみなさんも先刻ご承知でしょう。一部のＮＰＯ法人があるために、善意で活動している大多数のＮＰＯ法人をも傷つけています。

●良心的なコンサルタントの選び方

これまでの話では、設計士をコンサルタントとして入れてはいけないような印象になってしまいましたが、そういうわけではありません。新築工事には欠かせない設計士ですが、大規模修繕工事の場合には必ずしもコンサルタントを入れる必要はないというだけで、管理組合の運営上、そのほうがスムーズなこともあると思います。

もし大規模修繕のコンサルタントと契約する場合は、次のような条件をクリアしているかどうかを確認してください。

一、過去に大規模修繕をコンサルティングしたマンション名と住所、および担当した施工業者名が入っている管理実績表を提出しているコンサルタントかどうか。

扱ったマンションの管理実績一覧表をつくっていないコンサルタントはその時点で失格です。大規模修繕の経験が少なくても、きちんとした仕事をしているコンサルタントであれば、工事監理したマンション名、住所などを記入した工事経歴の提出を恐れず、「当社で工事監理したすべてのマンションの実績です。コンサルタントした工事先に評判をお聞きになりたければ、実績表の中から無作為に指定してください。案内します」くらいのことをいえるコンサルタントであれば信頼できると思います。

二、管理組合の立場になって、工事を受注した施工業者が提出した見積書に基づいて、工事内容のチェックをしてくれるコンサルタントかどうか。

施工業者が提出している見積りの内容通りの工事を行っているか、手抜かりはないか等、管理組合の人たちが気づかないような部分をチェックし、管理組合に報告し、施工業者に適切な指導をすることが、コンサルタントの最大の役目です。また業者選定においては工事内容や金額が異なる場合、どちらが適正か、中立的な立場でその根拠をしっかりと説明してくれるコンサルタントでなくてはなりません。

三、自分の意見をはっきりいうけれども、それはアドバイスにとどめ、施工業者選定の最終決断については管理組合の意見を尊重し、特定の業者を推薦することはしないコンサルタントかどうか。

コンサルタントが裏で業者と深くつながっている可能性もあります。大規模修繕実施の主体者である管理組合の側に立った、公正で中立的なコンサルタントかどうかをここで判断します。

私はある人から、こんなことをいわれたことがあります。

「伊藤さん、あなたは大規模修繕の経験が豊富なのですから、あなたがコンサルティングをやればいいじゃないですか？　きっと経験が生かせて、いい提案ができるのではないですか」

これまで、私は改修工事を施工する立場でやってきました。建物調査にしても、修繕を実施する側から眺めてきたものです。そして、管理組合の実情を考えつつ、修繕の優先順位をつけて提案見積りをしてきたつもりです。それが、このようなお褒めの言葉になったのでしょう。

私は初めて「ああ、そうか、そういう道もあるのかな」と考えるようになりました。それまでコンサルタントをするなどとは一度も考えたことがなかったので、新鮮な驚きであり、気づきでした。

いずれ私も、工事の第一線から退くときがきます。修繕現場から離れても、管理組合の立場で大規模修繕のコンサルティングができれば、そこに私の経験が生かせれば、こんなうれしいことはありません。心にぽっとあかりが灯ったような、新しい目標ができた一瞬でした。

二、本当に必要な大規模修繕の工事内容

●「共通仕様書」からの脱却

大規模修繕工事を成功させるためには、何が必要なのでしょうか？　ここまでお読みいただいた読者の皆さんにはもうおわかりだと思いますが、見積もりに公正な競争原理を働かせることが第一です。

そのためには、何といっても「共通仕様書」一辺倒から脱却することです。

一般に見積りをとる際は、見積りに参加する施工業者が、同一条件で見積もれるように共通仕様書が配布されます。共通仕様書は標準化されたものがあり、多くはこれに基づいてそれぞれのマンションに適合する項目を採用して作成されます。作成するのは多くの場合、管理会社やコンサルタントです。

こうしてつくられる共通仕様書は、どこの施工業者から見積りをとっても、金額に大差が出ないように、巧妙につくられています。見積り金額に大きな差が出なければ、日

ごろからつきあいのある管理会社の受注チャンスはそれだけ高くなります。

共通仕様書をつくった側に有利になるような、数字のからくりが仕組まれていることもあります。修繕内容を机上で設定して、見積り数量を約一〇～二〇％多めに設定している場合もあります。一般の見積り参加業者にはわかりませんが、共通仕様書をつくった側は知っているので見積り単価を一〇～二〇％下げて出すことができます。下地補修の項目はとくに注意が必要です。

私の長い経験では、受注して実際に工事を始めてみると、共通仕様書の数字に比べて大幅に施工の箇所や面積が少ないということが少なくありませんでした。

共通仕様書の持つもっと大きな問題は、見積りに参加を希望する業者は、その施工内容に疑問があっても内容までタッチできないことです。共通仕様書と違う見積りを出そうとすれば、まず門前払いされてしまいます。

ひとつだけ私の経験をお話ししましょう。

「見積りに参加希望であれば、共通仕様書に記入して提出してください」とマンションの管理組合の理事の方から用紙を渡されたものをみると、タイルを三〇〇〇枚貼り替えるとか、使用するタイルを窯で焼くなどの項目が立てられています。

驚いた私は「このマンションの場合、タイルをそんなに多く貼り替える必要はありませんよ。積立金がむだになります。当社の考えに基づいた見積書を出してよいでしょうか」といったのですが、「共通仕様書でなければ公平な比較ができないではないですか。それならお宅は見積りに参加していただかなくて結構です」とおっしゃるのです。

「条件を揃えることで公平なチェックができる。建築や修繕の知識がなくても、誰がみても一目瞭然」とか「共通仕様書でなければ、どんなひどい仕事をされるかわからない」と誤解されている方が多いようなのです。

経験豊富な専門家がその建物を調査して、修繕箇所を把握し、さらに修繕積立金の予算事情を考慮したうえで共通仕様書がつくられたのであれば、金額だけで見積書を判断することも可能でしょう。しかし、そのような豊富な知識や経験を持った人は多くはありません。なぜならマンションの大規模修繕が本格的に始まったのは、ここ二〇～三〇年のことだからです。そのためにも業者の経験に基き、コンペ形式で見積書を提出させることで、見積りに参加した業者の大規模修繕に対する実力を測ることができるのではないでしょうか。

一部内容を変更して、各社の考え方に基く見積書でもＯＫですよと共通仕様書を渡すときに一言つけ加えるだけでも、ムダの少ない大規模修繕の見積りができあがると考えます。

管理組合の大切な積立金が、必要な修繕工事や資産価値の維持向上につながる大規模修繕になるのか？　それとも業者の利益だけのために浪費されるのか？　ここが分かれ目となります。

本書のなかで私が常に管理組合の皆さんに問題提起をしてきたことです。そしてそれは、私たち施工業者はもちろんマンション業界にとっても非常に重要なテーマです。

無論答えは決まっています。積立金は有効に使われなければなりません。

そのためには工事を任せる業者をじっくりと見極める必要があり、管理組合の方々の眼力が求められるのです。

●「見積り比較表」をつくろう

共通仕様書を作成せずに、数社から見積りをとるにはどうしたらいいかを、ご説明しましょう。

複数の業者から見積りをとったら、見積書の開封は、少なくとも三人の理事（あるいは、修繕委員会も加える）による立ち会いのもとで実施します。こうすることで、開封前は誰も数字を見ることができず、公平な競争原理の働いた見積りが揃うことになります。

ここからが大規模修繕工事での見積りの本番です。

提出された見積書を検討する際、その内容を正確に把握するために、つくると便利なのが「見積り比較表」です。

足場や下地補修、塗装などの工事内容や見積り金額、保証内容について、各施工業者からの提案を項目ごとに一覧表にするのです。この比較表を作成すれば、施工業者の具体的な工事内容と価格が一目瞭然でわかります。

見積内容比較表（サンプル）						
№.	工事名称	数量	A社	B社	C社	備考
1	仮設工事	1式	¥1,610,000	¥1,850,000	¥350,000	
2	下地補修工事	1式	¥1,200,000	¥820,000	¥680,000	
3	外壁等塗装工事	1式	¥4,240,000	¥3,650,000	¥2,860,000	
4	シーリング工事	1式	¥840,000	¥760,000	¥580,000	
5	防水工事	1式	¥2,531,000	¥2,230,000	¥1,100,000	
6	金属部塗装工事	1式	¥1,538,500	¥1,210,000	¥1,180,000	
7	諸経費	1式	¥1,190,500	¥420,000	¥470,000	
	消費税別途 合　計		¥13,150,000	¥10,940,000	¥7,220,000	

※この比較表はイメージです。

たとえば、A社の見積もりが一五〇〇万円、B社が一三〇〇万円、C社が一一〇〇万円だったとしましょう。この数字の違いがどこから出てきたかが問題です。ここで見積り比較表が活躍します。どの部分で見積もり金額に差が出たかをチェックできます。

たとえばA社とB社は同じ組立足場を使い、C社は吊り足場を使う工事だったとします。

同じ組立足場を使うのに、A社とB社で金額が違うのはなぜか？

なぜC社は組立足場ではなく吊り足場を使うのか？

これらの疑問を、A社、B社、C社にぶつけましょう。

C社の回答が納得できるものであれば、組立足場を使う意味がなくなるでしょう。

これは足場だけに限りません。下地補修でも、防水工事でも、塗装でも、保証内容でも、見積もり比較表を作成して、ひとつひとつ疑問点を解決していくうちに、工事に対する各社の考え方なども比較できるのです。

各業者から出てきた見積り金額の全体を漠然と眺めているより、もう一歩突っ込んだ工事内容の検討が必要です。比較表の個別の数字と内容をにらみ、わからないところは業者に質問し、本当に自分たちのマンションに必要な工事かどうかを検討してください。さらに保証内容や工事期間などを総合的に考慮し、最終的に発注する業者を決定すればよいのです。

●一番安い業者を切り捨てないで

一部の大規模修繕見積りでは、あらかじめ一番低い金額で見積った業者は自動的に失格にすることを申し渡すことがあります。

そうなると見積りを提出する業者は、一番安く入札して排除されることを怖がります。そして、どうしても高めの金額になってしまいます。まさに、この状況こそが、法外な利益を取るために仕組まれた入札方法なのです。この方法こそ公正な競争を妨げ、競争力のある業者を排除し、見積り金額を釣り上げているのです。この方法での入札を指示する場合は、不正が仕組まれていると疑って間違いありません。また入札説明会でわざわざ今回の見積り合わせでは安いところに決まるとは限りませんと説明する人がいますが、これも当然のことで、発注を予定している業者がある場合などにこのようなことを強調します。

安い見積りを出す業者には、二種類あります。ひとつは経営が行き詰まった業者です。とにかく目先の仕事を手に入れたいために、思い切って安い見積りを出してきます。もうひとつは、オーナーや管理組合の側に立ち、不要不急の工事や意味の少ない過剰な工事を削除し、施工システムも元請け、下請け、孫請けといった重層構造ではない、低コストの体質の会社が見積もる場合です。

その安さに根拠があるかどうか。そこが問題です。発注する側は、ここをよく見極めなければなりません。過剰で不要不急な工事まで提案され、高額な見積り金額になっていないか？　見積り金額だけに目を奪われるのではなく、工事保証書の内容も他社と比較研究することも大切です。

工事内容に不安があれば、その施工会社が実際に手掛けた建物をみることです。

それは別の分野でも同じことです。たとえば、医療の世界で医者の実力を知りたければ、患者さんに直接話を聞くのがベストといわれています。同じように、施工業者の実力を知りたければ、その業者が施工したマンションを見ればよいのです。

マンションの管理組合や住民から直接話を聞くとよいでしょう。工事の進め方に問題はなかったか、住民との間に大きなトラブルはなかったか、工事終了後のアフターサービスはどうか……。こうしたポイントをどんどん質問するのです。

一方、そのマンションの管理会社や管理人さんから話を聞くときは、その背景を考慮する必要があります。管理会社がその修繕工事の元請けではなかった場合、工事を請負った施工業者の姿を正しく話してくれるとは限らないからです。

また、見積り金額が安いからと発注したものの、工事が始まってから倒産されたのでは、たまったものではありません。帝国データバンクなどで発注予定の業者の財務状況も調べたほうがよいでしょう。

工事代金の支払いもなるべく着工時の多額の支払いは避けるような契約にすべきです。万が一、工事中に倒産したら、組合にとって金銭的な損失となるのはもちろんのこと、役員さんなどが精神的な痛手もこうむることになるのですから。

三、信頼できる設計や施工会社の見極め方

●施工業者の営業活動をチェック

信頼できる施工業者の見極め方も紹介しましょう。

先に、施工業者を判断するには、その業者が実際に工事を行った物件を見ることだと、お話ししましたが、それ以外にも重要なポイントがいくつかあります。

まず、営業方針をみます。

業者のなかには、管理会社から仕事をもらうために、管理会社と強い結びつきをつくろうとする場合があります。あるいは、小規模工事を請け負うたびに、管理組合の役員とのコネクションづくりを熱心に展開する業者もいます。どちらも、将来の大規模修繕工事をにらんでの遠謀深慮です。

いったん大規模修繕工事を請け負うと、管理会社やつきあいのある管理組合の役員へ少ない例ですがバックマージンを渡すこともあるようです。

私は、ある建設会社の社長から二年ほど前に、こう言われたことがあります。

「私の知っているマンションの大規模修繕の見積りを出してください。金額は高めで工事が決まったら少し現金を回してください。理事長とも懇意だから大丈夫です」

これがどういうことか、おわかりですか？　私の所に来た建設会社が元請けとなり、当社が下請けになるということです。元請けになった業者は、当社が提出した見積りに自社のマージンを乗せて管理組合に提案するでしょう。成約すれば、その方や理事長にも礼金が渡される可能性があります。私は理事長も承知という言葉を聞き、この見積りは辞退しました。そういう私も以前経営していた会社（株式会社アズマ）で、数例ですが止むを得ず会社のために同じようなことがありました。今でも思い出すたびに恥ずかしくて心が痛みます。このことを忘れずに、今経営している外装専科は、清潔な受注活動に徹しております。

アメリカでは、第三者が施工業者の格付けを発表しているそうですが、日本にもそうした格付けがあれば、管理組合も工事業者選びに苦労しないうえ、安全・安心な大規模修繕を依頼できるのではないかと思います。

公平な施工業者の格付けがあれば……。

これは、長年にわたって大規模修繕工事をはじめ、防水工事や外壁塗装工事に携わってきた私の、大きな願いです。各種の工事にまつわる管理会社や施工業者の実態に触れるたび、痛感しています。仕事をするうえで、人間関係や、ある程度のコネが大切だということは私も理解しているのですが、この業界でもコネやつき合いによる受注も一部ですが根づいているように思います。いずれにしても、管理組合がしっかりした眼力をもって自分たちのマンションのために業者選定を行うことが求められています。

●施工会社の通信簿「工事経歴書」を提出してもらう

コンサルタント契約する設計士に、工事監理経歴書の提出を依頼すべし、と前述しましたが、施工業者を選ぶ際も工事経歴書は非常に重要なポイントになります。

当社はいかならず工事経歴書を提出していますが、一部の業者は求められて初めて提出することもあるようです。

工事経歴書は、いわば〝会社の通信簿〟です。通信簿を見せたがらない業者は、疑問符がつく業者と考えてよいと思います。管理会社、コンサルタント、改修工事業者のいずれにしても、管理組合は工事経歴書をもらうようにすることです。

施工業者が出してくる工事経歴書を見るポイントは、コンサルタントの場合と同じです。つまり、施工先の住所が大まかにでも入っていること。求めに応じて、過去に修繕したマンション等の詳細な住所が教えてもらえるかも確認しましょう。

会社規模の割に経歴書に記載されている工事実績が少ない場合も要注意です。

いずれにしても工事実績や工事監理実績を正直に記載している工事会社やコンサルタ

ントほど信用できるのではないでしょうか。

●保証期間やアフターサービスの中身

工事の保証期間を確認するとともに、アフターサービス体制がどうなっているかもしっかりチェックしたいところです。チェックポイントは、次のようなものになります。

㈠　万が一、塗装部分が膨れたりはがれたりした場合、保証期間は何年間になっているか。

㈡　全体的な外装工事を行った場合、外壁からの雨漏りに対し、何年間の保証が約束されているか。

㈢　屋上その他の防水工事の保証も確認。下地補修が原因だけの保証か、あるいは条件を一切つけていない保証かをチェックする。

●いい逃れできない保証書をつくらせる

後々のために「工事保証書」は重要です。通常、工事が終わると工事会社は保証書を提出します。「工事保証書をもらったから、これで大丈夫」と安心しがちですが、その内容が問題なのです。工事保証書の保証期間やアフターサービスの内容をしっかりチェックしてください。最後の最後、ここが肝心です。

たとえば「外壁に対して○年保証します」という保証書をもらったとしましょう。そして、保証期間内に雨漏りが起きたとします。

管理組合が「雨漏りが発生してしまいました。工事保証書には『外壁に対して○年保証します』とあるので、補修してください」と施工業者に連絡すると、保証書を出した施工業者からどんな返事が返ってくると思われますか？　驚くなかれ、その返事はたとえば、次のようなものになる可能性も。

「当社では、外壁塗装部からの雨漏りに対しての保証はしていません。前回の工事の際、シーリング材と目地の補修を施してありますので、それに関連する窓周りのシーリング材や目地の傷みが原因の雨漏りであれば保証範囲内ですが、シーリングに傷みはありません」これでそれ以上の追求は不可能となります。

最初から逃げ道を確保して「具体的に何に対しての保証か」を明記しない、あやふやな保証書を発行していたのです。私にいわせれば、そんなものはまやかしの保証書です。

工事を発注する前に、工事後の保証内容を具体的に聞き出しておく必要があります。そして、その内容を明文化してきちんと工事保証書に盛り込んでおかなくてはいけません。そうでなければ、工事保証書は存在しないのと同じです。いい逃れできないような工事保証書であってはじめて、実際に保障を受けられるのです。

●工事を何段階にも下請けにやらせない

建設・工事業界には、元請け、下請け、孫請けという重層構造があります。このことは、本書を読んでいただいて、嫌というほどご理解いただけたと思います。この構造も大きなマンション等を新築するときにはある程度欠かせないシステムですが、実は、それだけでは終わらずに、ひ孫請け、玄孫（やしゃご）請けと、先々まで仕事が下ろされているケースもあるほどなのです。建物を新築するシステムそのまま、マンションの大規模修繕にも用いられていることに問題があるのです。

下請けに出すことが必ずしも悪いというつもりはありませんが、元請けとして工事を受注した施工業者の決算書を見ると、「材料費」の支出項目が、売上と比較して非常に少ない会社があります。これはどういうことかというと、そういう会社は、工事を材料込みで下請けに投げているので、材料費の支払いが少ないのです。工事を下請けに材料込みで丸投げする。受注した下請け業者はさらに孫受けに材料込みで発注することもあります。こうなりますと、少ない金額で工事を請負っている孫請けは高価で高品質な塗料になればなるほどシンナーや水等で塗料を薄めて、材料費を少なくしようとすることがあります。その結果はすぐに、変色やツヤ落ちとなって外観に表れます。

私の会社では、工事に使用する塗料等の材料ほとんどを、工事現場に外装専科が購入して直接支給しています。このことで工事を施工する職人さんは材料費のことを気にする必要もなく、材料を薄めてしまうこともなくなり、品質保持に役立っています。

マンション管理組合が、管理会社に管理業務を委託し、大規模修繕工事も管理会社に委託すること自体が、悪いわけではありません。管理組合と管理会社にしっかりした信頼関係が結ばれていて、適正な価格の工事であれば、よい修繕工事ができるでしょう。

マンション所有者のみなさんが、大規模修繕積立金を有効に使って、所有するマンションの資産価値を高め、よりよいマンション生活を送っていただけるように、微力ながら私も、業界の改善と発展に一生を捧げていきたいと思っています。

あとがき

マンション大規模修繕のかけこみ寺として

二〇一〇年九月一四日に放送されたテレビ番組『ガイアの夜明け』に、私は、リーズナブルに大規模修繕工事を引き受ける企業の社長として出演しました。テレビ東京の日経スペシャル「ガイアの夜明け」第四三四回「住まいの価値、守れてますか?」というタイトルです。

これでさらに、必要な工事だけを適正な価格で行うべきという私の考えが、マンション住民の皆さんに浸透することができたのではないかと思います。

世の中には、ほんとうに修繕積立金の二倍から三倍の見積りを出されて困っている、見積り金額が高くて借金しなければ大規模修繕ができない……等々、多くの管理組合から問い合わせが増えています。

「伊藤さん、『外装専科』っていい社名をつけましたね」

塗装や防水を手がける同業者から時々こう声をかけられます。創業以来、マンション大規模修繕について、さまざまな質問や相談をお受けし、直接受注・直接施工のシステムをもって、本当に必要な工事を適正な価格で提案することで、多くの依頼者に喜んでいただいていると思います。

数年前から食品業界では偽装表示が問題になっています。産地偽装、賞味期限など……、日本人はここまで落ちたのかと世間を落胆させた事件でした。しかし、悪事を働けばこのような結果になるという、まさに必然だと私は思います。悪事は公となり裁かれることはあっても、隠蔽されてはいけないのです。それがようやく表面に出てきたことは、膿みを出せてよかったとすら思います。

マンション大規模修繕については、本当に多くの管理組合が悩んでおられます。

これまで当社は、自社で商標登録した「大規模修繕110番」を使っていましたが、マンション大規模修繕で悩まれている管理組合があまりにも多いという現実から、「大規模修繕 かけこみ寺」をさらに商標登録しました。

区分所有者全員が自分の資産であり、住まいであるマンションのために、管理組合活動への無関心さを改め、多額の修繕積立金を使用する大規模修繕時には、とくに区分所有者の一人として適正な大規模修繕が行われるように、積極的に管理組合の活動に参加することでよりよい大規模修繕が行われるでしょう。

これまで私がしてきた建物診断は、見積りへの参加が前提でしたが、本当に大規模修繕が必要かどうかをなるべく早期に診断することができれば、傷はより小さくて済むからです。建物診断で本当に大規模修繕が必要であれば、その時点で修繕計画を見直し、工事開始時期を予約することもできます。

また、当社は共通仕様書を見たら、そのよい点は残し、改善すべき点を挙げて、当社なりの案として工事内容を再提示しています。決して、共通仕様書を受けとってそのまま見積りや工事をするなどということはありません。こうしたプロの目から見た「コンサルティング営業」は今後、どの業界でも求められていくと思います。

大規模修繕は半年や一年遅れても、大勢にさほど影響はありません。それならばじっくりと構え、安全・安心な工事、適正価格での適切な工事を実現することが重要です。開始時期に余裕があれば、その時間を使って修繕積立金を積み増せばいいのです。それなら居住者の経済的負担も最小限で済むでしょう。

ひとりでも多くの方に大規模修繕の実態を知っていただきたいと思い、筆をとりました。私の取り柄は真面目であること。ただそれだけです。「この道よりほかに道なし」と思って四五年間、建物の防水および外装工事一筋に取り組んでまいりました。

六五歳になった今、念願かなって本書を出版できたことは大きな喜びです。本というひとつの形になれば、私が実際にお会いすることができない遠方の方や、誰に何を聞いていいのかわからずに悩んでいる方のお手元にも届き、理解していただけるでしょう。

少ない修繕積立金で悩んでおられる管理組合の方々に、本書が少しでもお役に立つことを心から願ってやみません。皆様の解決の糸口になれば幸いです。

最後に、本書の出版に尽力してくださった関係者の皆様、これまでお世話になった多くの皆様に御礼を申し上げます。本当にありがとうございました。

心からの感謝の気持ちを込めて…。

二〇一〇年一〇月

伊藤洋之輔

伊《い》藤《とう》洋《よう》之《の》輔《すけ》

1945年山口県生まれ。萩市立須佐中学校卒。19歳で父の営むビルの塗装・防水工事業に従事。24歳で独立、伊藤工業所（東京都品川区）を創業。雨漏り修理を主にしながら、独力で防水塗料「ノンクラックコート」を開発、塗装業に移行。1980年アズマ工業株式会社設立。1992年株式会社アズマに商号変更。1995年には年商約24億円を達成。急激な業容拡大のなか管理体制の甘さから大幅な赤字を計上。丁度始まった銀行の貸し渋りも影響して1998年に会社・個人とも自己破産。直後より個人で塗装業を再開。2003年有限会社外装専科（千葉市）を設立。2005年株式会社外装専科に改組、東京都文京区に移転。2011年資本金を5000万円に増資。2019年4月、年商24億5,000万円。2010年「ガイアの夜明け」「ワールドビジネスサテライト」（共にテレビ東京）、2017年「Japan Biz Lab」（NHK World TV）出演。

まちがいだらけの大規模修繕

2010年11月11日　第1刷発行
2023年 4 月17日　第12刷発行

著者――――伊藤洋之輔
発行所――ダイヤモンド社
〒150-8409　東京都渋谷区神宮前6-12-17
https://www.diamond.co.jp/
電話／03-5778-7235（編集）　03-5778-7240（販売）

装丁―――――大泉講平
製作進行―――ダイヤモンド・グラフィック社
印刷―――――信毎書籍印刷（本文）・新藤慶昌堂（カバー）
製本―――――本間製本
編集担当―――花岡則夫

ISBN 978-4-478-01483-7